教师教育"课证融合"系列教材

# 初中数学课程标准与教学案例诊断

主　编　程晓亮　郑　晨
副主编　刘　影　苏亚利

北京大学出版社
PEKING UNIVERSITY PRESS

图书在版编目(CIP)数据

初中数学课程标准与教学案例诊断/程晓亮,郑晨主编. —北京： 北京大学出版社，2020.10
教师教育"课证融合"系列教材
ISBN 978-7-301-31014-4

Ⅰ.①初… Ⅱ.①程…②郑… Ⅲ.①中学数学课－课程标准－教学研究－初中
Ⅳ.①G633.602

中国版本图书馆 CIP 数据核字（2020）第 006812 号

| | |
|---|---|
| 书　　　名 | 初中数学课程标准与教学案例诊断<br>CHUZHONG SHUXUE KECHENG BIAOZHUN YU JIAOXUE ANLI ZHENDUAN |
| 著作责任者 | 程晓亮　郑　晨　主编 |
| 责任编辑 | 周　丹 |
| 标准书号 | ISBN 978-7-301-31014-4 |
| 出版发行 | 北京大学出版社 |
| 地　　　址 | 北京市海淀区成府路 205 号　100871 |
| 网　　　址 | http://www.pup.cn　新浪微博:@北京大学出版社 |
| 电子信箱 | zyjy@pup.cn |
| 电　　　话 | 邮购部 010-62752015　发行部 010-62750672　编辑部 010-62756923 |
| 印　刷　者 | 三河市北燕印装有限公司 |
| 经　销　者 | 新华书店 |
| | 787 毫米×1092 毫米　16 开本　8.5 印张　218 千字<br>2020 年 10 月第 1 版　2020 年 10 月第 1 次印刷 |
| 定　　　价 | 29.00 元 |

未经许可，不得以任何方式复制或抄袭本书之部分或全部内容。
版权所有，侵权必究
举报电话: 010-62752024　电子信箱: fd@pup.pku.edu.cn
图书如有印装质量问题，请与出版部联系，电话: 010-62756370

# 编委会

主　　任　陈洪捷

副 主 任　陈建华　傅建明

编　　委　（按姓名拼音排序）

程晓亮　董吉贺　范丹红

罗兴根　王俏华　谢先国

叶亚玲　虞伟庚　周小蓬

# 前　言

为落实《教育部关于实施卓越教师培养计划2.0的意见》，我们经过精心策划和全面调研，决定组织编写一套数学教学类系列教材，为推进师范生教育教学技能实训和师范生自主研究训练提供载体，为培养卓越教师奠定基础。同时，这套教材围绕国家教师资格考试的要求，力争全面提高准教师的教学能力，提升教书育人水平，为培养人民满意的教师打好基础。在编写过程中，我们以教育部颁发的《教师教育课程标准（试行）》《中学教师专业标准（试行）》《义务教育数学课程标准》(2011年版)等为主要参考依据，同时参考《中小学幼儿园教师培训课程指导标准(义务教育数学学科教学)》《中小学教师教育技术能力标准（试行）》《普通高等学校本科专业类教学质量国家标准》，以及《普通高等学校师范类专业认证实施办法（暂行）》中的《中学教育专业认证标准》等，按照"课证融合"的标准，科学、系统、严谨地介绍并阐释初中数学学科的知识体系、能力素养，以及课程与教学的知识、能力、教学实践案例等。

本书共分为五章，包括《义务教育数学课程标准》(2011年版)初中学段考点解读、数与代数内容的教学特点和案例诊断、图形与几何内容的教学特点和案例诊断、统计与概率内容的教学特点和案例诊断、综合与实践内容的教学特点和案例诊断。第一章在阐述《义务教育数学课程标准》(2011年版)初中学段内容的同时，强调国家教师资格考试对这部分内容的要求，做到了知识讲解、历年真题及思考题同步展示。由于大部分思考题紧跟理论内容，我们不再重复给出这些问题的解答。第二至五章则主要根据《义务教育数学课程标准》(2011年版)初中学段中课程内容的要求，整理了历年真题或实际教学中具有引领性和代表性的教学案例，并对案例进行问题诊断。题目形式主要为提供一段教学情境片断或是教学内容相关背景资料，然后提出问题。在问题中要求学生阅读给定的资料，依据一定的理论知识，或做出决策，或给出评价，或提出具体的解决问题的方法和意见等。教学案例诊断问题属于综合性较强的题目类型，考查的是高层次的认知目标。它不仅能考查学生掌握教育、教学知识的程度，而且能考查学生理解、运用知识的能力，更重要的是它能考查学生综合、分析、评价方面的能力。本书中标注年份信息的题目是国家教师资格考试的真题，如标注"2018年上"，指的是"2018年上半年国家教师资格考试真题"。

本书既可作为高等师范院校相应课程的专业教材，也可作为参加国家教师资格考试考生的备用指导用书。

本书在理论的引领下，侧重实践体系的构建，在编写过程中得到了许多中学一线教师的支持与鼓励，师范院校的同行给出了中肯的意见和建议，在此表示衷心的感谢。由于编者水平有限，书中不当之处在所难免，恳请各位读者批评指正。

编者

2020 年 8 月

# 目　录

## 第一章　《义务教育数学课程标准》（2011年版）初中学段考点解读
- 第一节　课程性质、基本理念与设计思路 …… 2
- 第二节　课程目标 …… 10
- 第三节　课程内容 …… 13
- 第四节　课程标准实施建议 …… 25

## 第二章　数与代数内容的教学特点和案例诊断
- 第一节　数与代数内容的教学特点 …… 38
- 第二节　数与代数内容教学案例诊断 …… 41
- 案例2.1　代数式概念（2012年下） …… 41
- 案例2.2　零指数幂（2013年下） …… 43
- 案例2.3　一元二次方程（2014年上） …… 44
- 案例2.4　函数与图象（2014年下） …… 46
- 案例2.5　反比例函数图象（2015年下） …… 47
- 案例2.6　有理数混合运算（2016年上） …… 49
- 案例2.7　有理数加法运算（2016年下） …… 50
- 案例2.8　一次函数性质运用（2017年下） …… 52
- 案例2.9　有理数减法运算（2018年上） …… 53
- 案例2.10　反比例函数取值范围求解 …… 54
- 案例2.11　代入消元法解二元一次方程组（2018年下） …… 55
- 案例2.12　加减消元法解二元一次方程组 …… 56
- 案例2.13　分式方程的解法（2019年下） …… 57
- 案例2.14　绝对值的几何意义 …… 58
- 案例2.15　变量概念的理解 …… 59
- 案例2.16　解不等式 …… 62
- 案例2.17　二次根式的性质 …… 63

## 第三章　图形与几何内容的教学特点和案例诊断
- 第一节　图形与几何内容的教学特点 …… 66
- 第二节　图形与几何内容教学案例诊断 …… 71

| | | |
|---|---|---|
| 案例 3.1 | 相似三角形的判定（2014 年下） | 71 |
| 案例 3.2 | 等边三角形的性质（2015 年上） | 73 |
| 案例 3.3 | 正方形的性质理解（2017 年上） | 74 |
| 案例 3.4 | 相似三角形与三角函数运用 | 76 |
| 案例 3.5 | 相似三角形性质应用 | 79 |
| 案例 3.6 | 三角形三边之间的关系 | 82 |
| 案例 3.7 | 认识三视图 | 83 |
| 案例 3.8 | 正多边形性质综合运用 | 86 |
| 案例 3.9 | 平行四边形的判定 | 88 |
| 案例 3.10 | 轴对称性质的理解 | 90 |

## 第四章 统计与概率内容的教学特点和案例诊断

第一节 统计与概率内容的教学特点 …… 94
第二节 统计与概率内容教学案例诊断 …… 95
案例 4.1 集中量数理解（2018 年上） …… 95
案例 4.2 随机事件 …… 97
案例 4.3 选择统计图进行数据整理 …… 98
案例 4.4 概率实验问题 …… 101
案例 4.5 随机事件教学 …… 102
案例 4.6 随机现象体验 …… 103
案例 4.7 概率问题教学 …… 104
案例 4.8 统计调查教学 …… 105
案例 4.9 统计与决策教学 …… 106
案例 4.10 数据的收集教学 …… 107

## 第五章 综合与实践内容的教学特点和案例诊断

第一节 综合与实践内容的教学特点 …… 112
第二节 综合与实践内容教学案例诊断 …… 114
案例 5.1 邮局环境中的问题发现与解决 …… 114
案例 5.2 一元一次方程的实践与探索 …… 115
案例 5.3 黄金分割教学 …… 117
案例 5.4 心率与年龄问题 …… 118
案例 5.5 探寻数学的美 …… 119
案例 5.6 居民丢弃塑料袋调查 …… 121
案例 5.7 蚂蚁吃食物的最短路线 …… 123
案例 5.8 生活中的股票问题 …… 125

# 第一章

## 《义务教育数学课程标准》(2011年版) 初中学段考点解读

## 👉 学习目标

◎ 掌握初中数学课程标准的课程性质、基本理念与设计思路。
◎ 明确初中数学课程的总目标和学段目标之间的关系。
◎ 深入掌握初中数学课程的课程内容。
◎ 了解初中数学课程标准的实施建议。

## 👉 教学提示

本章的重点内容是初中数学课程的课程性质、基本理念、设计思路、课程总目标与学段目标、初中数学课程内容,教师应指导学生掌握。另外,教师还应引导学生以教师专业标准的理念为指导,提升自身的专业水平、通识素养、数学专业素养等。

## 👉 学习导引

本章主要介绍了《义务教育数学课程标准》(2011年版)初中学段的内容,主要包括:课程性质、基本理念、设计思路、课程总目标与学段目标、课程内容、实施建议等。学生应重点把握课程标准中的基本理念、课程总目标与学段目标等具体内容,结合数学知识内容,全面掌握具体的教学要求与评价要求。

# 第一节 课程性质、基本理念与设计思路

数学是研究数量关系和空间形式的科学。数学与人类发展和社会进步息息相关,随着现代信息技术的飞速发展,数学更加广泛应用于社会生产和日常生活的各个方面。数学作为对于客观现象抽象概括而逐渐形成的科学语言与工具,不仅是自然科学和技术科学的基础,而且在人文科学与社会科学中发挥着越来越大的作用。特别是20世纪中叶以来,数学与计算机技术的结合在许多方面直接为社会创造价值,推动着社会生产力的发展。

数学是人类文化的重要组成部分,数学素养是现代社会每一个公民应该具备的基本素养。作为促进学生全面发展教育的重要组成部分,数学教育既要使学生掌握现代生活和学习中所需要的数学知识与技能,更要发挥数学在培养人的思维能力和创新能力方面的不可替代的作用。

### 思考题

1. 结合《义务教育数学课程标准》(2011年版),谈谈数学对于现代社会发展的意义。

## 一、课程性质

义务教育阶段的数学课程是培养公民素质的基础课程,具有基础性、普及性和发展性。数学课程能使学生掌握必备的基础知识和基本技能,培养学生的抽象思维和推理能力,培养学生的创新意识和实践能力,促进学生在情感、态度与价值观等方面的发展。义务教育的数学课程能为学生未来生活、工作和学习奠定重要的基础。

**思考题**

2. 义务教育阶段的数学课程性质是什么?

**历年真题**

【1.1】(2015年上)义务教育阶段的数学课程应该具有(　　)。
A. 基础性、普及型、发展性
B. 实践性、普及型、选拔性
C. 基础性、实践性、选拔性
D. 实践性、普及型、发展性

参考答案:
本题答案选 A。

## 二、课程基本理念

(1) 数学课程应致力于实现义务教育阶段的培养目标,要面向全体学生,适应学生个性发展的需要,使得人人都能获得良好的数学教育,不同的人在数学上得到不同的发展。

(2) 课程内容要反映社会的需要、数学的特点,要符合学生的认知规律。它不仅包括数学的结果,也包括数学结果的形成过程和蕴含的数学思想方法。课程内容的选择要贴近学生的实际,有利于学生体验与理解、思考与探索。课程内容的组织要重视过程,处理好过程与结果的关系;要重视直观,处理好直观与抽象的关系;要重视直接经验,处理好直接经验与间接经验的关系。课程内容的呈现应注意层次性和多样性。

(3) 教学活动是师生积极参与、交往互动、共同发展的过程。有效的教学活动是学生学与教师教的统一,学生是学习的主体,教师是学习的组织者、引导者与合作者。

数学教学活动,特别是课堂教学应激发学生兴趣,调动学生积极性,引发学生的数学思考,鼓励学生的创造性思维;要注重培养学生良好的数学学习习惯,使学生掌握恰当的数学学习方法。

学生学习应当是一个生动活泼的、主动的和富有个性的过程。认真听讲、积极思考、动手实践、自主探索、合作交流等,都是学习数学的重要方式。学生应当有足够的时间和空间经历观察、实验、猜测、计算、推理、验证等活动过程。

教师教学应该以学生的认知发展水平和已有的经验为基础,面向全体学生,注重启发式和因材施教。教师要发挥主导作用,处理好讲授与学生自主学习的关系,引导学生独立思考、主动探索、合作交流,使学生理解和掌握基本的数学知识与技能,体会和运用数学思想与方法,获得基本的数学活动经验。

(4) 学习评价的主要目的是为了全面了解学生数学学习的过程和结果,激励学生学习和改进教师教学。应建立目标多元、方法多样的评价体系。评价既要关注学生学习的结果,也要重视学习的过程;既要关注学生数学学习的水平,也要重视学生在数学活动中所表现出来的情感与态度,帮助学生认识自我、建立信心。

(5) 信息技术的发展对数学教育的价值、目标、内容以及教学方式产生了很大的影响。数学课程的设计与实施应根据实际情况合理地运用现代信息技术,要注意信息技术与课程内容的整合,注重实效。要充分考虑信息技术对数学学习内容和方式的影响,开发并向学生提供丰富的学习资源,把现代信息技术作为学生学习数学和解决问题的有力工具,有效地改进教与学的方式,使学生乐意并有可能投入到现实的、探索性的数学活动中。

**思考题**

3. 初中数学课程的基本理念是什么?
4. 数学学习评价的目的是什么?
5. 数学课程设计与现代信息技术的关系是什么?

## 三、课程设计思路

初中数学课程的设计,充分考虑本学段学生数学学习的特点,符合学生的认知规律和心理特征,有利于激发学生的学习兴趣,引发学生的数学思考;充分考虑数学本身的特点,体现数学的实质;在呈现作为知识与技能的数学结果的同时,重视学生已有的经验,使学生体验从实际背景中抽象出数学问题、构建数学模型、寻求结果、解决问题的过程。

**思考题**

6. 初中数学课程设计总体思路是什么?

按以上思路,初中数学课程的具体设计如下。

### 1. 学段划分

为了体现义务教育数学课程的整体性,统筹考虑九年的课程内容,同时根据学生发展的生理和心理特征,将九年的学习时间划分为三个学段:第一学段(一至三年级)、第二学段(四至六年级)、第三学段(七至九年级)。第三学段(七至九年级)就是指初中学段。

**思考题**

7. 义务教育九年的学习时间是如何进行划分学段的?

### 2. 课程目标

义务教育阶段数学课程目标分为总目标和学段目标,从知识技能、数学思考、问题解决、情感态度等四个方面加以阐述。

数学课程目标包括结果目标和过程目标。结果目标使用"了解""理解""掌握""运用"等行为动词表述,过程目标使用"经历""体验""探索"等行为动词表述。

> **思考题**

8. 数学课程目标包括哪些内容?

> **历年真题**

【1.2】 (2016年上)《义务教育数学课程标准》(2011年版)有两类行为动词,其中一类是描述结果目标的行为动词,包括"了解""理解""掌握""运用"。请以"平行四边形"概念为例,说明"理解"的基本含义。

**参考答案:**

行为动词中的"理解"就是把握内在逻辑联系,对知识做出解释、扩展、提供证据、判断等。以"平行四边形"概念为例,教学目标中理解平行四边形的概念和平行四边形对边、对角相等的性质,这些都属于"理解"的目标层次。学生在学习过程中,能够把握平行四边形的概念,通过内在逻辑联系,以此为前提进行推导,得到平行四边形的对边、对角相等的性质。

【1.3】 (2017年上)《义务教育数学课程标准》(2011年版)用行为动词"了解""理解""掌握""应用"等描述结果目标,请解释"了解等腰三角形的概念"的具体含义。

**参考答案:**

"了解等腰三角形的概念"的具体含义是:一个三角形中如果有两条边相等,那么这个三角形称为等腰三角形。相等的两边称为等腰三角形的腰,另一条边称为底边;两腰的夹角称为顶角,两腰与底边的夹角称为底角。

### 3. 课程内容

在各学段中,安排了四个部分的课程内容:数与代数、图形与几何、统计与概率、综合与实践。其中,综合与实践内容设置的目的在于培养学生综合运用有关的知识与方法解决实际问题,培养学生的问题意识、应用意识和创新意识,积累学生的活动经验,提高学生解决现实问题的能力。

数与代数的主要内容有:数的认识,数的表示,数的大小,数的运算,数量的估计;字母表示数,代数式及其运算;方程、方程组、不等式、函数等。

图形与几何的主要内容有:空间和平面基本图形的认识,图形的性质、分类和度量;图形的平移、旋转、轴对称、相似和投影;平面图形基本性质的证明;运用坐标描述图形的位置和运动。

统计与概率的主要内容有:收集、整理和描述数据,包括简单抽样、整理调查数据、绘制统计图表等;处理数据,包括计算平均数、中位数、众数、方差等;从数据中提取信息并进行简单的推断;简单随机事件及其发生的概率。

综合与实践是一类以问题为载体、以学生自主参与为主的学习活动。在学习活动中,学生将综合运用数与代数、图形与几何、统计与概率等知识和方法解决问题。综合与实践的教学活动应当保证每学期至少一次,可以在课堂上完成,也可以课内外相结合完成。这种教学形式应体现在日常教学活动中。

### 思考题

9. 初中数学课程包括哪些内容?

### 历年真题

**【1.4】**(2014年下)《义务教育数学课程标准》(2011年版)中课程内容的四个部分是( )。

A. 数与代数,图形与几何,统计与概率,综合与实践
B. 数与代数,图形与几何,统计与概率,数学实验
C. 数与代数,图形与几何,统计与概率,数学建模
D. 数与代数,图形与几何,统计与概率,数学文化

**参考答案:**

本题答案选 A。

**【1.5】**(2013年下)简述义务教育阶段数学课程中设置综合与实践内容的必要性,并举例说明综合与实践的教学特点。

**参考答案:**

必要性:我国学生实践能力和综合运用能力相对薄弱,为此《基础教育课程改革纲要(试行)》在规划新的课程体系时,规定"从小学至高中设置综合实践活动并作为必修课程","强调学生通过实践,增强探究和创新意识,学习科学研究的方法,发展综合运用知识的能力,增进学校与社会的密切联系,培养学生的社会责任感"。同时,综合与实践活动和各学科领域应形成一个有机整体,二者具有相对独立性,又存在密切的联系,在某些情况下,综合与实践活动也可以和某些学科教学交叉进行。为此,《义务教育数学课程标准》(2011年版)调整了数学学科的结构,在数与代数、图形与几何、统计与概率这些知识性的领域之外设置了综合与实践这一数学学习领域,提倡学生主动参与、乐于探究、勤于动手,并积累活动经验,以提高解决实际问题的能力。

综合与实践的教学主要具有以下特点:

① 综合性:对任何主题的探究都必须体现个人、社会、自然的内在整合,体现科学、艺术、道德的内在整合。

② 实践性:综合与实践课程的开展往往以各种活动为载体,强调学生通过活动或亲身体验来进行学习,但并不是为活动而活动。

③ 开放性:综合与实践课程面向学生整个生活世界,其内容与学生个人的生活或现实社会紧密联系,往往表现为一个没有固定答案的开放性问题。要解决这样的开放性问题,学生不可能在书本上找到现成的答案,只能通过自己的努力去探索、发现,才能找到可能的答案。

④ 生成性:综合与实践课程的开展很少从预定的课程目标入手,它常常围绕某个开放性的主题或问题来开展。随着活动的不断开展,新的目标、新的问题、新的主题不断生

成,学生的认识和体验不断加深,创造性的火花不断迸发,这便是综合与实践课程具有生成性的集中体现。

⑤ 自主性:综合与实践课程的实施十分注重从学生现有的兴趣与经验出发,强调学生的自主选择与探究。学生不仅可以选择学习的内容、进度与方式,还可以对自己的学习过程或结果进行评价与反思。

在数学课程中,教师应当注重发展学生的数感、符号意识、空间观念、几何直观、数据分析观念、运算能力、推理能力和模型思想。为了适应时代发展对人才培养的需要,数学课程还要特别注重发展学生的应用意识和创新意识。

(1) 数感主要是指关于数与数量、数量关系、运算结果估计等方面的感悟。建立数感有助于学生理解现实生活中数的意义,理解或表述具体情境中的数量关系。

(2) 符号意识主要是指能够理解并且运用符号表示数、数量关系和变化规律;知道使用符号可以进行运算和推理,得到的结论具有一般性。建立符号意识有助于学生理解符号的使用是数学表达和进行数学思考的重要形式。

(3) 空间观念主要是指根据物体特征抽象出几何图形,根据几何图形想象出所描述的实际物体;想象出物体的方位和相互之间的位置关系;描述图形的运动和变化;依据语言的描述画出图形等。

(4) 几何直观主要是指利用图形描述和分析问题。借助几何直观可以把复杂的数学问题变得简明、形象,有助于探索解决问题的思路,预测结果。几何直观可以帮助学生直观地理解数学,在整个数学学习过程中都发挥着重要作用。

(5) 数据分析观念包括:了解在现实生活中有许多问题应当先做调查研究,收集数据,通过分析作出判断,体会数据中蕴含着信息;了解对于同样的数据可以有多种分析的方法,需要根据问题的背景选择合适的方法;通过数据分析体验随机性,一方面对于同样的事情每次收集到的数据可能不同,另一方面只要有足够的数据就可能从中发现规律。数据分析是统计的核心。

(6) 运算能力主要是指能够根据法则和运算律正确地进行运算的能力。培养运算能力有助于学生理解运算的算理,寻求合理简洁的运算途径来解决问题。

(7) 推理能力的发展应贯穿于整个数学学习过程中。推理是数学的基本思维方式,也是人们学习和生活中经常使用的思维方式。推理一般包括合情推理和演绎推理,合情推理是从已有的事实出发,凭借经验和直觉,通过归纳和类比等推断某些结果;演绎推理是从已有的事实(包括定义、公理、定理等)和确定的规则(包括运算的定义、法则、顺序等)出发,按照逻辑推理的法则证明和计算。在解决问题的过程中,两种推理功能不同,相辅相成:合情推理用于探索思路,发现结论;演绎推理用于证明结论。

(8) 模型思想的建立是学生体会和理解数学与外部世界联系的基本途径。建立和求解模型的过程包括:从现实生活或具体情境中抽象出数学问题,用数学符号建立方程、不等式、函数等表示数学问题中的数量关系和变化规律,求出结果并讨论结果的意义。这些内容的学习有助于学生初步形成模型思想,提高学习数学的兴趣和应用意识。

应用意识有两个方面的含义:一方面,有意识利用数学的概念、原理和方法解释现实世界中的现象,解决现实世界中的问题;另一方面,认识到现实生活中蕴含着大量与数量和图形有关的问题,这些问题可以抽象成数学问题,用数学的方法予以解决。在整个数学教育的过程中都应该培养学生的应用意识,综合实践活动是培养应用意识很好的载体。

创新意识的培养是现代数学教育的基本任务,应体现在数学教与学的过程之中。学生自己发现和提出问题是创新的基础;独立思考、学会思考是创新的核心;归纳概括得到猜想和规律,并加以验证,是创新的重要方法。创新意识的培养应该从义务教育阶段做起,贯穿数学教育的始终。

### 历年真题

**【1.6】** (2016年上)创新意识的培养是现代数学教育的基本任务,应该体现在数学教与学的过程之中。下面的表述不适合在教学中培养学生创新意识的是(　　)。

A. 发现和提出问题　　B. 寻求解决问题的不同策略
C. 规范数学书写　　　D. 探索结论的新应用

**参考答案:**
本题答案选 C。

**【1.7】** (2012年下)《义务教育数学课程标准》(2011年版)中数据分析观念的含义是什么?

**参考答案:**
《义务教育数学课程标准》(2011年版)中"数据分析观念"解释为:了解在现实生活中有许多问题应当先做调查研究,收集数据,通过分析作出判断,体会数据中蕴含着信息;了解对于同样的数据可以有多种分析的方法,需要根据问题的背景选择合适的方法;通过数据分析体验随机性,一方面对于同样的事情每次收集到的数据可能不同,另一方面只要有足够的数据就可能从中发现规律。数据分析是统计的核心。

**【1.8】** (2014年上)简要论述《义务教育数学课程标准》(2011年版)中提出的空间观念的含义。

**参考答案:**
空间观念主要是指根据物体特征抽象出几何图形,根据几何图形想象出所描述的实际物体;想象出物体的方位和相互之间的位置关系;描述图形的运动和变化;依据语言的描述画出图形等。

**【1.9】** (2014年下)《义务教育数学课程标准》(2011年版)中强调培养学生的符号意识,简要回答符号意识表现为哪些方面,并举例说明。

**参考答案:**
符号意识主要是指能够理解并且运用符号表示数、数量关系和变化规律;知道使用符号可以进行运算和推理,得到的结论具有一般性。建立符号意识有助于学生理解符号的使用是数学表达和进行数学思考的重要形式。在求解实际问题时,往往将未知量用符号代替,根据问题中的数量关系列出方程进行求解,用字母表示未知量不仅是对具体事物的抽象,还是一种数量关系的抽象。比如,学习乘法交换律一般是按归纳的方式进行学习的:$3×5=5×3$,$7×8=8×7$,$125×4=4×125$,计算得出左、右两边相等,不妨用 $a$,$b$ 分别表示两个因数,就可以表示成 $a×b=b×a$。

【1.10】(2017 年上)推理一般包括合情推理与演绎推理。
(1)请分别阐述合情推理与演绎推理的含义;
(2)举例说明合情推理与演绎推理在解决数学问题中的作用,并阐述二者间的关系。
**参考答案:**
(1)合情推理:合情推理是从已有的事实出发,凭借经验和直觉,通过归纳和类比等推断某些结果。

演绎推理:演绎推理是从已有的事实(包括定义、公理、定理等)和确定的规则(包括运算的定义、法则、顺序等)出发,按照逻辑推理的法则证明和计算。

(2)合情推理:例如,在学习"角的平分线的性质"时,一个角被一条射线平分,观察射线上的点到角两边的距离或实际测量,猜想角的平分线上的点到角的两边的距离相等,得到一般规律。

演绎推理:例如,在学习"角的平分线的性质"时,通过证明两个直角三角形全等,得到对应的两边相等,从而证明角平分线上的点到角的两边的距离相等,使得定理更加严谨。

合情推理从推理形式上看,是由部分到整体、由个别到一般、由特殊到普遍的推理;而演绎推理是由普遍到特殊的推理。从推理所得到的结论来看,合情推理的结论不一定正确,有待进一步证明;演绎推理在大前提、小前提和推理形式都正确的条件下,得到的结论一定正确。就数学而言,演绎推理是证明数学结论、建立数学体系的重要思维过程,但数学结论、证明思路等的发现,主要靠合情推理。因此,合情推理与演绎推理是相辅相成的。

【1.11】(2018 年上)简述你对《义务教育数学课程标准》(2011 年版)中探索并证明三角形的中位线定理这一目标的理解。
**参考答案:**
三角形的中位线定理:三角形的中位线平行于三角形的第三边,并且等于第三边的一半。"探索"是过程目标行为动词,"证明"是结果目标行为动词。探索并证明三角形中位线定理这一目标的设置,要求学生不仅要记住该定理的内容,还需要掌握该定理的推导过程,联系知识间的内在关系,体会其中的数学思想,为进一步的学习提供必要的数学准备。

探索并证明三角形中位线定理有助于学生认识数学内容之间的内在联系。三角形中位线定理的证明需要运用平行四边形的性质定理和判定定理等知识,而三角形中位线定理不仅为学生学习后续的平面图形、立体图形等内容奠定基础,并且在图形证明和计算中发挥着重要的作用。学生经历探索并证明三角形中位线定理的学习过程,能够更好地体会并理解这些知识内在的联系,对学生构建知识体系,增强学习数学的信心很有帮助。

探索并证明三角形中位线定理的过程能够提高学生的推理能力。从几何直观出发猜想三角形中位线和第三边的关系到运用平行四边形的相关知识严格地证明猜想的过程,就是从观察、归纳、猜想到用严密的数学思维和严谨的推理过程验证猜想的过程,就是学生学习并应用合情推理和演绎推理的过程。学生经历这一过程后,可以增强自己的综合应用合情推理和演绎推理来发现问题、解决问题的能力。

# 第二节 课程目标

## 一、课程总目标

通过初中数学的学习,学生能:

(1) 获得适应社会生活和进一步发展所必需的数学的基础知识、基本技能、基本思想、基本活动经验。

(2) 体会数学知识之间、数学与其他学科之间、数学与生活之间的联系,运用数学的思维方式进行思考,增强发现和提出问题的能力、分析和解决问题的能力。

(3) 了解数学的价值,提高学习数学的兴趣,增强学好数学的信心,养成良好的学习习惯,具有初步的创新意识和科学态度。

课程总目标从知识技能、数学思考、问题解决、情感态度等四个方面进行了具体阐述(如表1.1所示)。

表1.1 课程总目标的具体阐述

| 方面 | 具体目标 |
| --- | --- |
| 知识技能 | ① 经历数与代数的抽象、运算与建模等过程,掌握数与代数的基础知识和基本技能;<br>② 经历图形的抽象、分类、性质探讨、运动、位置确定等过程,掌握图形与几何的基础知识和基本技能;<br>③ 经历在实际问题中收集和处理数据、利用数据分析问题、获取信息的过程,掌握统计与概率的基础知识和基本技能;<br>④ 参与综合实践活动,积累综合运用数学知识、技能和方法等解决简单问题的数学活动经验 |
| 数学思考 | ① 建立数感、符号意识和空间观念,初步形成几何直观和运算能力,发展形象思维与抽象思维;<br>② 体会统计方法的意义,发展数据分析观念,感受随机现象;<br>③ 在参与观察、实验、猜想、证明、综合实践等数学活动中,发展合情推理和演绎推理的能力,清晰地表达自己的想法;<br>④ 学会独立思考,体会数学的基本思想和思维方式 |
| 问题解决 | ① 初步学会从数学的角度发现问题和提出问题,综合运用数学知识解决简单的实际问题,增强应用意识,提高实践能力;<br>② 获得分析问题和解决问题的一些基本方法,体验解决问题方法的多样性,发展创新意识;<br>③ 学会与他人合作交流;<br>④ 初步形成评价与反思的意识 |
| 情感态度 | ① 积极参与数学活动,对数学有好奇心和求知欲;<br>② 在数学学习过程中,体验获得成功的乐趣,锻炼克服困难的意志,建立自信心;<br>③ 体会数学的特点,了解数学的价值;<br>④ 养成认真勤奋、独立思考、合作交流、反思质疑等学习习惯;<br>⑤ 形成坚持真理、修正错误、严谨求实的科学态度 |

总目标的这四个方面,不是相互独立和割裂的,而是一个密切联系、相互交融的有机整体。在课程设计和教学活动组织中,应同时兼顾这四个方面的目标。这些目标的整体实现,是学生受到良好数学教育的标志,它对学生的全面、持续、和谐发展有着重要的意义。数学思考、问题解决、情感态度的发展离不开知识技能的学习,知识技能的学习必须有利于其他三个目标的实现。

### 历年真题

**【1.12】**(2013年上)《义务教育数学课程标准》(2011年版)对课程总目标从四个方面做出了阐述,下列不属于这四个方面的是(    )。

A. 数学思考　　　B. 情感态度　　　C. 问题解决　　　D. 创新意识

**参考答案:**

本题答案选D。

**【1.13】**(2013年上)简述义务教育阶段数学课程目标的地位和作用。

**参考答案:**

(1) 决定数学课程内容的选择。数学课程目标决定数学课程内容,数学课程内容是数学课程目标赖以实现的载体。数学课程目标不仅决定着数学课程内容量的控制,同时还决定着数学课程内容质的规定。

(2) 指导数学教科书的编编。数学课程目标对义务教育数学教科书编写具有重要的影响,它制约着数学教科书的结构安排,影响着教科书内容的呈现形式。

(3) 制约师生教与学的方式的选用。教师可以从数学课程目标的表述中感受到学生在相应知识学习中对某些学习方式的特殊需要;教师也可以透过课程目标的规定发现在教学中应该采用的一些必要的方法与策略。

(4) 为教学评价提供依据和标准。一是对课堂教学评价的影响,义务教育数学课程教学评价要特别关注教学目标定位是否准确,教师所选用的教学方法和教学手段是否有利于教学目标的实现,课堂教学既定目标的达成情况等,对这些内容评价的基本依据是义务教育数学课程标准;二是对数学考试的制约,数学考试必须严格按照义务教育数学课程目标关于相应学段学生所要掌握的数学知识、技能范围以及水平层次进行命题;三是对学生发展水平评价的影响,教师不得超越现有义务教育数学课程目标的规定去提出数学课程标准以外的要求,并作为评价学生发展水平的依据和标准。

**【1.14】**(2013年下)《义务教育数学课程标准》(2011年版)提出"四基"的课程标准,"四基"的内容是什么?分别举例说明"四基"的含义。

**参考答案:**

"四基"分别指基础知识、基本技能、基本思想、基本活动经验。基础知识是指中学数学基础知识,主要是教学大纲所列的数学概念、公式、定理和具体法则等,在"图形的轴对称"这部分内容中,"了解轴对称图形的概念"属于基础知识。基本技能是指运算能力、作图能力、抽象与概括能力和逻辑思维能力等,"能画出简单平面图形(点、线段、直线、三角形等)关于给定对称轴的对称图形"属于基本技能。基本思想是指数学中的基本思想方法，主要有函数思想、分类思想、数形结合思想、化归思想、极限思想、统计思想等，"认识并欣赏自然界和现实生活中的轴对称图形"属于基本思想。基本活动经验是一种过程性知识，是学生在数学活动过程中内化了的数学知识、技能及情感体验，既包括学生的日常生活经验，又包括学生在学校数学课程中获得的经验。数学经验的获得依赖于多种教学活动，如观察、实践、提问建模、论证等，在"抽样与数据分析"这部分内容中，"能解释统计结果，根据结果作出简单的判断和预测，并能进行交流"属于基本活动经验。

## 二、初中学段的课程目标

初中学段的课程目标主要包括以下几个方面。

### 1. 知识技能

（1）体验从具体情境中抽象出数学符号的过程，理解有理数、实数、代数式、方程、不等式、函数；掌握必要的运算（包括估算）技能；探索具体问题中的数量关系和变化规律，掌握用代数式、方程、不等式、函数进行表述的方法。

（2）探索并掌握相交线、平行线、三角形、四边形和圆的基本性质与判定，掌握基本的证明方法和基本的作图技能；探索并理解平面图形的平移、旋转、轴对称；认识投影与视图；探索并理解平面直角坐标系及其应用。

（3）体验数据收集、处理、分析和推断过程，理解抽样方法，体验用样本估计总体的过程；进一步认识随机现象，能计算一些简单事件的概率。

### 2. 数学思考

（1）通过用代数式、方程、不等式、函数等表述数量关系的过程，体会模型的思想，建立符号意识；在研究图形性质和运动、确定物体位置等过程中，进一步发展空间观念；经历借助图形思考问题的过程，初步建立几何直观。

（2）了解利用数据可以进行统计推断，发展建立数据分析观念；感受随机现象的特点。

（3）体会通过合情推理探索数学结论，运用演绎推理加以证明的过程，在多种形式的数学活动中，发展合情推理与演绎推理的能力。

（4）能独立思考，体会数学的基本思想和思维方式。

### 3. 问题解决

（1）初步学会在具体的情境中从数学的角度发现问题和提出问题，并综合运用数学知识和方法等解决简单的实际问题，增强应用意识，提高实践能力。

（2）经历从不同角度寻求分析问题和解决问题的方法的过程，体验解决问题方法的多样性，掌握分析问题和解决问题的一些基本方法。

（3）在与他人合作和交流过程中，能较好地理解他人的思考方法和结论。

（4）能针对他人所提的问题进行反思，初步形成评价与反思的意识。

### 4. 情感态度

（1）积极参与数学活动，对数学有好奇心和求知欲。

（2）感受成功的快乐，体验独自克服困难、解决数学问题的过程，有克服困难的勇气，具备学好数学的信心。

（3）在运用数学表述和解决问题的过程中，认识数学具有抽象、严谨和应用广泛的特点，体会数学的价值。

（4）敢于发表自己的想法、勇于质疑、敢于创新，养成认真勤奋、独立思考、合作交流等学习习惯，形成严谨求实的科学态度。

**思考题**

10. 初中学段数学课程目标包括哪些方面？
11. 初中数学课程目标"知识技能"方面包括哪些内容？
12. 初中数学课程目标"数学思考"方面包括哪些内容？
13. 初中数学课程目标"问题解决"方面包括哪些内容？
14. 初中数学课程目标"情感态度"方面包括哪些内容？

## 第三节 课 程 内 容

### 一、数与代数

（一）数与式

**1. 有理数**

（1）理解有理数的意义，能用数轴上的点表示有理数，能比较有理数的大小。

（2）借助数轴理解相反数和绝对值的意义，掌握求有理数的相反数与绝对值的方法，知道$|a|$的含义（这里 $a$ 表示有理数）。

（3）理解乘方的意义，掌握有理数的加、减、乘、除、乘方及简单的混合运算（以三步以内为主）。

（4）理解有理数的运算律，能运用运算律简化运算。

（5）能运用有理数的运算解决简单的问题。

**思考题**

15. 初中数学课程有理数的内容包括什么？每一部分内容的具体要求是什么？

**2. 实数**

（1）了解平方根、算术平方根、立方根的概念，会用根号表示数的平方根、算术平方根、立方根。

（2）了解乘方与开方互为逆运算，会用平方运算求百以内整数的平方根，会用立方运算求百以内整数（对应的负整数）的立方根，会用计算器求平方根和立方根。

（3）了解无理数和实数的概念，知道实数与数轴上的点一一对应，能求实数的相反数与绝对值。

（4）能用有理数估计一个无理数的大致范围。

（5）了解近似数，在解决实际问题中，能用计算器进行近似计算，并会按问题的要求对结果取近似值。

（6）了解二次根式、最简二次根式的概念,了解二次根式（根号下仅限于数）的加、减、乘、除运算法则,会用它们进行有关的简单四则运算。

> **思考题**

16. 初中数学课程实数的内容都包括什么？每一部分内容的具体要求是什么？

### 3. 代数式

（1）借助现实情境了解代数式,进一步理解用字母表示数的意义。

（2）能分析具体问题中的简单数量关系,并用代数式表示。

（3）会求代数式的值；能根据特定的问题查阅资料,找到所需要的公式,并会代入具体的值进行计算。

> **思考题**

17. 初中数学课程代数式的内容包括什么？每一部分内容的具体要求是什么？

### 4. 整式与分式

（1）了解整数指数幂的意义和基本性质,会用科学记数法表示数（包括在计算器上表示）。

（2）理解整式的概念,掌握合并同类项和去括号的法则,能进行简单的整式加法和减法运算；能进行简单的整式乘法运算（其中多项式相乘仅指一次式之间以及一次式与二次式相乘）。

（3）能推导乘法公式：$(a+b)(a-b)=a^2-b^2$,$(a\pm b)^2=a^2\pm 2ab+b^2$,了解公式的几何背景,并能利用公式进行简单计算。

（4）能用提公因式法、公式法（直接利用公式不超过二次）进行因式分解（指数是正整数）。

（5）了解分式和最简分式的概念,能利用分式的基本性质进行约分和通分；能进行简单的分式加、减、乘、除运算。

> **思考题**

18. 初中数学课程整式与分式的内容包括什么？每一部分内容的具体要求是什么？

> **历年真题**

【1.15】（2013年下）下列内容属于《义务教育数学课程标准》（2011年版）第三学段数与式的是（　　）。

① 有理数；② 方程；③ 实数；④ 代数式；⑤ 整式与分式

A. ①②③④　　　　　　　　　　B. ①②④⑤

C. ①③④⑤　　　　　　　　　　D. ①②③⑤

**参考答案：**

本题答案选 C。

## （二）方程与不等式

### 1. 方程与方程组

（1）能根据具体问题中的数量关系列出方程，体会方程是刻画现实世界数量关系的有效模型。

（2）经历估计方程解的过程。

（3）掌握等式的基本性质。

（4）能解一元一次方程、可化为一元一次方程的分式方程。

（5）掌握代入消元法和加减消元法，能解二元一次方程组。

（6）＊①能解简单的三元一次方程组。

（7）理解配方法，能用配方法、公式法、因式分解法解数字系数的一元二次方程。

（8）会用一元二次方程根的判别式判别方程是否有实根和两个实根是否相等。

（9）＊了解一元二次方程的根与系数的关系。

（10）能根据具体问题的实际意义，检验方程的解是否合理。

**思考题**

19. 初中数学课程方程与方程组的内容包括什么？每一部分内容的具体要求是什么？

**历年真题**

【1.16】（2017年下）《义务教育数学课程标准》（2011年版）设置了部分选学内容，以韦达定理为例简述设置选学内容的意义。

**参考答案：**

义务教育阶段的数学选学内容弥补了必修课程在内容上的有限性和知识广度与深度上的局限性等不足。选学内容一方面对必修课程的内容进行了拓展或深化，促进学生对知识的理解掌握；另一方面，又能发展学生的技能，有助于提高学生对所学知识的应用能力。

以韦达定理为例，九年级上册数学课本中，在学习一元二次方程的求根公式后，介绍了一元二次方程的根与系数的关系，即韦达定理。这是一节选学内容，供学有余力的学生学习。韦达定理是对一元二次方程根的判别式、求根公式等知识的拓展和深化，应用起来更加灵活多变，它与一元二次方程根的判别式的关系是密不可分的。一元二次方程根的判别式是判定方程是否有实根的充要条件，而韦达定理说明了根与系数的关系，无论方程有无实数根，利用韦达定理都可以快速求出方程两根的关系，因此韦达定理应用更广泛，在初等数学、解析几何、平面几何、方程论中均有体现。

### 2. 不等式与不等式组

（1）结合具体问题，了解不等式的意义，探索不等式的基本性质。

（2）能解数字系数的一元一次不等式，并能在数轴上表示出解集；会用数轴确定由两

---

① 标有＊的内容为选学内容，不作考试要求。

个一元一次不等式组成的不等式组的解集。

（3）能根据具体问题中的数量关系，列出一元一次不等式，解决简单的问题。

**思考题**

20．初中数学课程不等式与不等式组的内容包括什么？每一部分内容的具体要求是什么？

### （三）函数

#### 1. 函数

（1）探索简单实例中的数量关系和变化规律，了解常量、变量的意义。

（2）结合实例，了解函数的概念和三种表示法，能举出函数的实例。

（3）能结合图象对简单实际问题中的函数关系进行分析。

（4）能确定简单实际问题中函数自变量的取值范围，并会求出函数值。

（5）能用适当的函数表示法刻画简单实际问题中变量之间的关系。

（6）结合对函数关系的分析，能对变量的变化情况进行初步讨论。

**思考题**

21．初中数学课程函数的内容包括什么？每一部分内容的具体要求是什么？

#### 2. 一次函数

（1）结合具体情境体会一次函数的意义，能根据已知条件确定一次函数的表达式。

（2）会利用待定系数法确定一次函数的表达式。

（3）能画出一次函数的图象，根据一次函数的图象和表达式 $y=kx+b(k\neq 0)$ 探索并理解 $k>0$ 和 $k<0$ 时，图象的变化情况。

（4）理解正比例函数。

（5）体会一次函数与二元一次方程的关系。

（6）能用一次函数解决简单实际问题。

**思考题**

22．初中数学课程一次函数的内容包括什么？每一部分内容的具体要求是什么？

#### 3. 反比例函数

（1）结合具体情境体会反比例函数的意义，能根据已知条件确定反比例函数的表达式。

（2）能画出反比例函数的图象，根据图象和表达式 $y=\dfrac{k}{x}(k\neq 0)$ 探索并理解 $k>0$ 和 $k<0$ 时，图象的变化情况。

（3）能用反比例函数解决简单实际问题。

> **思考题**

23. 初中数学课程反比例函数的内容包括什么？每一部分内容的具体要求是什么？

### 4. 二次函数

（1）通过对实际问题的分析，体会二次函数的意义。

（2）会用描点法画出二次函数的图象，通过图象了解二次函数的性质。

（3）会用配方法将数字系数的二次函数的表达式化为 $y=a(x-h)^2+k$ 的形式，并能由此得到二次函数图象的顶点坐标，说出图象的开口方向，画出图象的对称轴，并能解决简单实际问题。

（4）会利用二次函数的图象求一元二次方程的近似解。

（5）* 知道给定不共线三点的坐标可以确定一个二次函数。

> **思考题**

24. 初中数学课程二次函数的内容包括什么？每一部分内容的具体要求是什么？

> **历年真题**

【1.17】（2016年上）下面不属于第三学段数与代数内容的是（  ）。

A. 实数　　　　B. 平均数　　　　C. 代数式　　　　D. 函数

**参考答案：**

本题答案选 B。

## 二、图形与几何

### （一）图形的性质

#### 1. 点、线、面、角

（1）通过实物和具体模型，了解从物体抽象出来的几何体、平面、直线和点等。

（2）会比较线段的长短，理解线段的和、差，以及线段中点的意义。

（3）掌握基本事实：两点确定一条直线。

（4）掌握基本事实：两点之间线段最短。

（5）理解两点间距离的意义，能度量两点间的距离。

（6）理解角的概念，能比较角的大小。

（7）认识度、分、秒，会对度、分、秒进行简单的换算，并会计算角的和、差。

> **思考题**

25. 初中数学课程点、线、面、角的内容包括什么？每一部分内容的具体要求是什么？

26. 初中数学课程点、线、面、角的内容中，要求掌握基本事实的有哪些？

2. 相交线与平行线

(1) 理解对顶角、余角、补角等概念,探索并掌握对顶角相等、同角(等角)的余角相等,同角(等角)的补角相等的性质。

(2) 理解垂线、垂线段等概念,能用三角尺或量角器过一点画已知直线的垂线。

(3) 理解点到直线的距离的意义,能度量点到直线的距离。

(4) 掌握基本事实:过一点有且只有一条直线与已知直线垂直。

(5) 识别同位角、内错角、同旁内角。

(6) 理解平行线的概念,掌握基本事实:两条直线被第三条直线所截,如果同位角相等,那么这两条直线平行。

(7) 掌握基本事实:过直线外一点有且只有一条直线与这条直线平行。

(8) 掌握平行线的性质定理:两条平行直线被第三条直线所截,同位角相等。*了解平行线性质定理的证明。

(9) 能用三角尺和直尺过已知直线外一点画这条直线的平行线。

(10) 探索并证明平行线的判定定理:两条直线被第三条直线所截,如果内错角相等(或同旁内角互补),那么这两条直线平行。探索并证明平行线的性质定理:两条平行直线被第三条直线所截,内错角相等(或同旁内角互补)。

(11) 了解平行于同一条直线的两条直线平行。

> **思考题**

27. 初中数学课程相交线与平行线的内容包括什么?每一部分内容的具体要求是什么?

28. 初中数学课程相交线与平行线的内容中,要求掌握基本事实的有哪些?


3. 三角形

(1) 理解三角形及其内角、外角、中线、高线、角平分线等概念,了解三角形的稳定性。

(2) 探索并证明三角形的内角和定理。掌握它的推论:三角形的外角等于与它不相邻的两个内角的和。证明三角形的任意两边之和大于第三边。

(3) 理解全等三角形的概念,能识别全等三角形中的对应边、对应角。

(4) 掌握基本事实:两边及其夹角分别相等的两个三角形全等。

(5) 掌握基本事实:两角及其夹边分别相等的两个三角形全等。

(6) 掌握基本事实:三边分别相等的两个三角形全等。

(7) 证明定理:两角分别相等且其中一组等角的对边相等的两个三角形全等。

(8) 探索并证明角平分线的性质定理:角平分线上的点到角两边的距离相等;反之,角的内部到角两边距离相等的点在角的平分线上。

(9) 理解线段垂直平分线的概念,探索并证明线段垂直平分线的性质定理:线段垂直平分线上的点到线段两端的距离相等;反之,到线段两端距离相等的点在线段的垂直平分线上。

(10) 了解等腰三角形的概念,探索并证明等腰三角形的性质定理:等腰三角形的两底角相等;底边上的高线、中线及顶角平分线重合。探索并掌握等腰三角形的判定定理:

有两个角相等的三角形是等腰三角形。探索等边三角形的性质定理：等边三角形的各角都等于60°。探索等边三角形的判定定理：三个角都相等的三角形（或有一个角是60°的等腰三角形）是等边三角形。

（11）了解直角三角形的概念，探索并掌握直角三角形的性质定理：直角三角形的两个锐角互余，直角三角形斜边上的中线等于斜边的一半。掌握有两个角互余的三角形是直角三角形。

（12）探索勾股定理及其逆定理，并能运用它们解决一些简单的实际问题。

（13）探索并掌握判定直角三角形全等的"斜边、直角边"定理。

（14）了解三角形重心的概念。

### 思考题

29．初中数学课程三角形的内容包括什么？每一部分内容的具体要求是什么？

30．初中数学课程三角形的内容中，要求掌握基本事实的有哪些？

### 4. 四边形

（1）了解多边形的定义，多边形的顶点、边、内角、外角、对角线等概念；探索并掌握多边形内角和与外角和公式。

（2）理解平行四边形、矩形、菱形、正方形的概念，以及它们之间的关系；了解四边形的不稳定性。

（3）探索并证明平行四边形的性质定理：平行四边形的对边相等、对角相等、对角线互相平分。探索并证明平行四边形的判定定理：一组对边平行且相等的四边形是平行四边形；两组对边分别相等的四边形是平行四边形；对角线互相平分的四边形是平行四边形。

（4）了解两条平行线之间距离的意义，能度量两条平行线之间的距离。

（5）探索并证明矩形、菱形、正方形的性质定理：矩形的四个角都是直角，对角线相等；菱形的四条边相等，对角线互相垂直。探索并证明矩形、菱形、正方形的判定定理：三个角是直角的四边形是矩形，对角线相等的平行四边形是矩形；四边相等的四边形是菱形，对角线互相垂直的平行四边形是菱形。正方形具有矩形和菱形的一切性质。

（6）探索并证明三角形的中位线定理。

### 思考题

31．初中数学课程四边形的内容包括什么？每一部分内容的具体要求是什么？

### 5. 圆

（1）理解圆、弧、弦、圆心角、圆周角的概念，了解等圆、等弧的概念；探索并了解点与圆的位置关系。

（2）*探索并证明垂径定理：垂直于弦的直径平分弦以及弦所对的两条弧。

（3）探索圆周角与圆心角及其所对弧的关系，了解并证明圆周角定理及其推论：圆周角的度数等于它所对弧上的圆心角度数的一半；直径所对的圆周角是直角；90°的圆周角所对的弦是直径；圆内接四边形的对角互补。

（4）知道三角形的内心和外心。

（5）了解直线和圆的位置关系，掌握切线的概念，探索切线与过切点的半径的关系，会用三角尺过圆上一点画圆的切线。

（6）＊探索并证明切线长定理：过圆外一点所画的圆的两条切线长相等。

（7）会计算圆的弧长、扇形的面积。

（8）了解正多边形的概念及正多边形与圆的关系。

**思考题**

32. 初中数学课程圆的内容包括什么？每一部分内容的具体要求是什么？

### 6. 尺规作图

（1）能用尺规完成以下基本作图：作一条线段等于已知线段，作一个角等于已知角，作一个角的平分线，作一条线段的垂直平分线，过一点作已知直线的垂线。

（2）会利用基本作图作三角形：已知三边、两边及其夹角、两角及其夹边作三角形，已知底边及底边上的高线作等腰三角形，已知一直角边和斜边作直角三角形。

（3）会利用基本作图完成：过不在同一直线上的三点作圆，作三角形的外接圆、内切圆，作圆的内接正方形和正六边形。

（4）在尺规作图中，了解作图的道理，保留作图的痕迹，不要求写出作法。

**思考题**

33. 初中数学课程尺规作图的内容包括什么？每一部分内容的具体要求是什么？

**历年真题**

【1.18】（2015年上）简述尺规作图的基本要求，并写出古希腊时期"几何作图三大问题"的具体内容。

**参考答案：**

尺规作图的基本要求：（1）使用的直尺和圆规带有想象性质，跟现实中的并非完全相同。（2）直尺必须没有刻度，无限长，且只能使用直尺的固定一侧。只可以用它来将两个点连在一起，不可以画刻度。（3）圆规可以开至无限宽，但上面亦不能有刻度。它只可以拉开成之前构造过的长度。

古希腊时期"几何作图三大问题"是三个作图题，即只使用圆规和直尺求出下列问题的解，直到19世纪证实这是不可能的：（1）立方倍积，即求作一立方体的边，使该立方体的体积为给定立方体的体积的两倍；（2）化圆为方，即作一正方形，使其与一给定的圆面积相等；（3）三等分角，即分一个给定的任意角为三个相等的部分。

### 7. 定义、命题、定理

（1）通过具体实例，了解定义、命题、定理、推论的意义。

（2）结合具体实例，会区分命题的条件和结论，了解原命题及其逆命题的概念。会识别两个互逆的命题,知道原命题成立其逆命题不一定成立。

（3）知道证明的意义和证明的必要性,知道证明要合乎逻辑,知道证明的过程可以有不同的表达形式,会综合法证明的格式。

（4）了解反例的作用,知道利用反例可以判断一个命题是错误的。

（5）通过实例体会反证法的含义。

**思考题**

34. 初中数学课程定义、命题、定理的内容包括什么？每一部分内容的具体要求是什么？

**历年真题**

【1.19】（2014年上）"三角形内角和是$180°$",其判断的形式是（　　）。

A. 全称肯定判断　　　　　　　　B. 全称否定判断
C. 特称肯定判断　　　　　　　　D. 特称否定判断

**参考答案：**

本题答案选A。

### （二）图形的变化

#### 1. 图形的轴对称

（1）通过具体实例了解轴对称的概念,探索它的基本性质：成轴对称的两个图形中,对应点的连线被对称轴垂直平分。

（2）能画出简单平面图形(点、线段、直线、三角形等)关于给定对称轴的对称图形。

（3）了解轴对称图形的概念,探索等腰三角形、矩形、菱形、正多边形、圆的轴对称性质。

（4）认识并欣赏自然界和现实生活中的轴对称图形。

**思考题**

35. 初中数学课程图形的轴对称的内容包括什么？每一部分内容的具体要求是什么？

#### 2. 图形的旋转

（1）通过具体实例认识平面图形关于旋转中心的旋转。探索它的基本性质：一个图形和它经过旋转所得到的图形中,对应点到旋转中心距离相等,两组对应点分别与旋转中心连线所成的角相等。

（2）了解中心对称、中心对称图形的概念,探索它的基本性质：成中心对称的两个图形中,对应点的连线经过对称中心且被对称中心平分。

（3）探索线段、平行四边形、正多边形、圆的中心对称性质。

（4）认识并欣赏自然界和现实生活中的中心对称图形。

> **思考题**

36. 初中数学课程图形的旋转的内容包括什么？每一部分内容的具体要求是什么？

### 3. 图形的平移

(1) 通过具体实例认识平移，探索它的基本性质：一个图形和它经过平移所得的图形中，两组对应点的连线平行（或在同一条直线上）且相等。

(2) 认识并欣赏平移在自然界和现实生活中的应用。

(3) 运用图形的轴对称、旋转、平移进行图案设计。

> **思考题**

37. 初中数学课程图形的平移的内容包括什么？每一部分内容的具体要求是什么？

### 4. 图形的相似

(1) 了解比例的基本性质、线段的比、成比例的线段，通过建筑、艺术上的实例了解黄金分割。

(2) 通过具体实例认识图形的相似。了解相似多边形和相似比。

(3) 掌握基本事实：两条直线被一组平行线所截，所得的对应线段成比例。

(4) 了解相似三角形的判定定理：两角分别相等的两个三角形相似，两边成比例且夹角相等的两个三角形相似，三边成比例的两个三角形相似。＊了解相似三角形判定定理的证明。

(5) 了解相似三角形的性质定理：相似三角形对应线段的比等于相似比，面积比等于相似比的平方。

(6) 了解图形的位似，知道利用位似可以将一个图形放大或缩小。

(7) 会利用图形的相似解决一些简单的实际问题。

(8) 利用相似的直角三角形，探索并认识锐角三角函数（$\sin A, \cos A, \tan A$），知道 $30°, 45°, 60°$ 角的三角函数值。

(9) 会使用计算器由已知锐角求它的三角函数值，由已知三角函数值求它的对应锐角。

(10) 能用锐角三角函数解直角三角形，能用相关知识解决一些简单的实际问题。

> **思考题**

38. 初中数学课程图形的相似的内容包括什么？每一部分内容的具体要求是什么？

### 5. 图形的投影

(1) 通过丰富的实例，了解中心投影和平行投影的概念。

(2) 会画直棱柱、圆柱、圆锥、球的主视图、左视图、俯视图，能判断简单物体的视图，并会根据视图描述简单的几何体。

(3) 了解直棱柱、圆锥的侧面展开图,能根据展开图想象和制作实物模型。

(4) 通过实例,了解上述视图与展开图在现实生活中的应用。

**思考题**

39. 初中数学课程图形的投影的内容包括什么?每一部分内容的具体要求是什么?

（三）图形与坐标

1. **坐标与图形位置**

(1) 结合实例进一步体会用有序数对可以表示物体的位置。

(2) 理解平面直角坐标系的有关概念,能画出直角坐标系;在给定的直角坐标系中,能根据坐标描出点的位置、由点的位置写出它的坐标。

(3) 在实际问题中,能建立适当的直角坐标系,描述物体的位置。

(4) 对给定的正方形,会选择合适的直角坐标系,写出它的顶点坐标,体会可以用坐标刻画一个简单图形。

(5) 在平面上,能用方位角和距离刻画两个物体的相对位置。

**思考题**

40. 初中数学课程坐标与图形位置的内容包括什么?每一部分内容的具体要求是什么?

2. **坐标与图形运动**

(1) 在直角坐标系中,以坐标轴为对称轴,能写出一个已知顶点坐标的多边形的对称图形的顶点坐标,并知道对应顶点坐标之间的关系。

(2) 在直角坐标系中,能写出一个已知顶点坐标的多边形沿坐标轴方向平移后图形的顶点坐标,并知道对应顶点坐标之间的关系。

(3) 在直角坐标系中,探索并了解将一个多边形依次沿两个坐标轴方向平移后所得到的图形与原来的图形具有平移关系,体会图形顶点坐标的变化。

(4) 在直角坐标系中,探索并了解将一个多边形的顶点坐标(有一个顶点为原点、有一条边在横坐标轴上)分别扩大或缩小相同倍数时所对应的图形与原图形是位似的。

**思考题**

41. 初中数学课程坐标与图形运动的内容包括什么?每一部分内容的具体要求是什么?

**历年真题**

【1.20】 (2012年下)下列命题不是《义务教育数学课程标准》(2011年版)中规定的图形与几何领域的九条基本事实的是(    )。

A. 两点之间线段最短

B. 过一点有且只有一条直线与这条直线垂直

C. 三边分别相等的两个三角形全等

D. 两条平行直线被第三条直线所截,同位角相等

**参考答案:**

本题答案选 D。

【1.21】 (2015年下)《义务教育数学课程标准》(2011年版)设定了九条基本事实,下列属于基本事实的是( )。

A. 两条平行线被一条直线所截同位角相等

B. 两条平行线间距离相等

C. 两条平行线被一条直线所截,内错角相等

D. 两直线被一组平行线所截,对应线段成比例

**参考答案:**

本题答案选 D。

【1.22】 (2014年上)下列不属于《义务教育数学课程标准》(2011年版)规定的第三学段图形与几何领域内容的是( )。

A. 图形的性质　　　　　　　　B. 图形的变化

C. 图形的位置　　　　　　　　D. 图形与坐标

**参考答案:**

本题答案选 C。

## 三、统计与概率

### (一) 抽样与数据分析

(1) 经历收集、整理、描述和分析数据的活动,了解数据处理的过程;能用计算器处理较为复杂的数据。

(2) 体会抽样的必要性,通过实例了解简单随机抽样。

(3) 会制作扇形统计图,能用统计图直观、有效地描述数据。

(4) 理解平均数的意义,能计算中位数、众数、加权平均数,了解它们是数据集中趋势的描述。

(5) 体会刻画数据离散程度的意义,会计算简单数据的方差。

(6) 通过实例,了解频数和频数分布的意义,能画频数直方图,能利用频数直方图解释数据中蕴含的信息。

(7) 体会样本与总体关系,知道可以通过样本平均数、样本方差推断总体平均数、总体方差。

(8) 能解释统计结果,根据结果作出简单的判断和预测,并能进行交流。

(9) 通过表格、折线图、趋势图等,感受随机现象的变化趋势。

> 思考题

42. 初中数学课程抽样与数据分析的内容包括什么？每一部分内容的具体要求是什么？

### (二) 事件的概率

(1) 能通过列表、画树状图等方法列出简单随机事件所有可能的结果，以及指定事件发生的所有可能结果，了解事件的概率。

(2) 知道通过大量的重复试验，可以用频率来估计概率。

> 思考题

43. 初中数学课程事件的概率的内容包括什么？每一部分内容的具体要求是什么？

### 四、综合与实践

(1) 结合实际情境，经历设计解决具体问题的方案，并加以实施的过程，体验建立模型、解决问题的过程，并在此过程中，尝试发现和提出问题。

(2) 会反思参与活动的全过程，将研究的过程和结果形成报告或小论文，并能进行交流，进一步获得数学活动经验。

(3) 通过对有关问题的探讨，了解所学过知识（包括其他学科知识）之间的关联，进一步理解有关知识，发展应用意识和能力。

## 第四节 课程标准实施建议

### 一、教学建议

教学活动是师生积极参与、交往互动、共同发展的过程。

数学教学应根据具体的教学内容，注意使学生在获得间接经验的同时也能够有机会获得直接经验，即从学生实际出发，创设有助于学生自主学习的问题情境，引导学生通过实践、思考、探索、交流等，获得数学的基础知识、基本技能、基本思想、基本活动经验，促使学生主动地、富有个性地学习，不断提高他们发现问题和提出问题及分析问题和解决问题的能力。

在数学教学活动中，教师要把基本理念转化为自己的教学行为，处理好教师讲授与学生自主学习的关系，注重启发学生积极思考；发扬教学民主，当好学生数学活动的组织者、引导者、合作者；激发学生的学习潜能，鼓励学生大胆创新与实践；创造性地使用教材，积极开发、利用各种教学资源，为学生提供丰富多彩的学习素材；关注学生的个体差异，有效地实施有差异的教学，使每个学生都得到充分的发展；合理地运用现代信息技术,有条件的地区,要尽可能合理、有效地使用计算机和有关软件,提高教学效益。

> **思考题**
>
> 44. 初中数学课程标准实施的教学建议是什么?
> 45. 在数学教学中,教师应如何规范自己的教学行为?

### 1. 注重课程目标的整体实现

为使每个学生都受到良好的数学教育,数学教学不仅要使学生获得数学的知识技能,而且要把知识技能、数学思考、问题解决、情感态度四个方面的目标有机结合,整体实现课程目标。

课程目标的整体实现需要日积月累。在日常的教学活动中,教师应努力挖掘教学内容中可能蕴含的、与上述四个方面目标有关的教育价值,通过长期的教学过程,逐渐实现课程的整体目标。因此,无论是设计、实施课堂教学方案,还是组织各类教学活动,不仅要重视学生获得知识技能,而且要激发学生的学习兴趣,通过独立思考或者合作交流感悟数学的基本思想,引导学生在参与数学活动的过程中积累基本经验,帮助学生形成认真勤奋、独立思考、合作交流、反思质疑等良好的学习习惯。

例如,关于零指数教学方案的设计可进行如下考虑:教学目标不仅要包括了解零指数幂的"规定"、会进行简单计算,还要包括感受这个"规定"的合理性,并在这个过程中学会数学思考、感悟理性精神。

### 2. 重视学生在学习活动中的主体地位

有效的数学教学活动是教师教与学生学的统一,应体现"以人为本"的理念,促进学生的全面发展。

(1) 学生是数学学习的主体,在积极参与学习活动的过程中不断得到发展。

学生获得知识,必须建立在自己思考的基础上,可以通过接受学习的方式,也可以通过自主探索等方式;学生应用知识并逐步形成技能,离不开自己的实践;学生在获得知识技能的过程中,只有亲身参与教师精心设计的教学活动,才能在数学思考、问题解决和情感态度方面得到发展。

(2) 教师应成为学生学习活动的组织者、引导者、合作者,为学生的发展提供良好的环境和条件。

教师的"组织"作用主要体现在两个方面:第一,教师应当准确把握教学内容的数学实质和学生的实际情况,确定合理的教学目标,设计一个好的教学方案;第二,在教学活动中,教师要选择适当的教学方式,因势利导、适时调控、努力营造师生互动、生生互动、生动活泼的课堂氛围,形成有效的学习活动。

教师的"引导"作用主要体现在:通过恰当的问题,或者准确、清晰、富有启发性的讲授,引导学生积极思考、求知求真,激发学生的好奇心;通过恰当的归纳和示范,使学生理解知识、掌握技能、积累经验、感悟思想;能关注学生的差异,用不同层次的问题或教学手段,引导每一个学生都能积极参与学习活动,提高教学活动的针对性和有效性。

教师与学生的"合作"主要体现在:教师以平等、尊重的态度鼓励学生积极参与教学活动,启发学生共同探索,与学生一起感受成功和挫折、分享发现和成果。

(3) 处理好学生主体地位和教师主导作用的关系。

好的教学活动,应是学生主体地位和教师主导作用的和谐统一。一方面,学生主体地位的真正落实,依赖于教师主导作用的有效发挥;另一方面,有效发挥教师主导作用的标志,是学生能够真正成为学习的主体,得到全面的发展。

实行启发式教学有助于落实学生的主体地位和发挥教师的主导作用。教师富有启发性的讲授;创设情境、设计问题,引导学生自主探索、合作交流;组织学生操作实验、观察现象、提出猜想、推理论证等,都能有效地启发学生的思考,使学生成为学习的主体,逐步学会学习。

**思考题**

46. 初中数学课程教学中如何落实学生的主体地位?

**历年真题**

【1.23】(2013年下)数学新课程提倡教师要成为学生数学学习活动的组织者、引导者与合作者,请解释教师的引导作用主要体现在哪些方面?

**参考答案:**

学生是学习的主体,而教师是数学学习的组织者、引导者和合作者。在课堂教学中,教师应从学生熟悉的生活经验中寻找有意义的生活素材,创设有助于学生自主学习的问题情境,引导学生通过实践、思考、探索、交流获得知识,形成技能,发展思维,学会学习,促使学生在教师指导下生动活泼地、主动地、富有个性地学习。教师的引导作用主要体现在以下三个方面:① 通过恰当的问题,或者准确、清晰、富有启发性的讲授,引导学生积极思考,求知求真,激发学生的好奇心;② 通过恰当的归纳和示范,使学生理解知识、掌握技能、积累经验、感悟思想;③ 能关注学生的差异,用不同层次的问题或教学手段,引导每一个学生都能积极参与学习活动,提高教学活动的针对性和有效性。

### 3. 注重学生对基础知识、基本技能的理解和掌握

知识技能既是学生发展的基础性目标,又是落实数学思考、问题解决、情感态度目标的载体。

(1) 数学知识的教学,应注重学生对所学知识的理解,体会数学知识之间的关联。

学生掌握数学知识,不能依赖死记硬背,而应以理解为基础,并在知识的应用中不断巩固和深化。为了帮助学生真正理解数学知识,教师应注重数学知识与学生生活经验的联系、与学生学科知识的联系,组织学生开展实验、操作、尝试等活动,引导学生进行观察、分析,抽象概括,运用知识进行判断。教师还应揭示知识的数学实质及其体现的数学思想,帮助学生理清相关知识之间的区别和联系等。

数学知识的教学,要注重知识的生长点与延伸点,把每堂课教学的知识置于整体知识的体系中,注重知识的结构和体系,处理好局部知识与整体知识的关系,引导学生感受数学的整体性,体会对于某些数学知识可以从不同的角度加以分析、从不同的层次进行理解。

(2) 在基本技能的教学中,不仅要使学生掌握技能操作的程序和步骤,还要使学生理

解程序和步骤的道理。例如,对于整数乘法计算,学生不仅要掌握如何进行计算,而且要知道相应的算理;对于尺规作图,学生不仅要知道作图的步骤,而且要能知道实施这些步骤的理由。

基本技能的形成,需要一定量的训练,但要适度,不能依赖机械的重复操作,要注重训练的实效性。教师应把握技能形成的阶段性,根据内容的要求和学生的实际,分层次地落实。

> **思考题**
>
> 47. 初中数学教学中,教师应怎样注重学生对基础知识、基本技能的理解和掌握?

### 4. 感悟数学思想,积累数学活动经验

数学思想蕴含在数学知识形成、发展和应用的过程中,是数学知识和方法在更高层次上的抽象与概括,如抽象、分类、归纳、演绎、模型等。学生在积极参与教学活动的过程中,通过独立思考、合作交流,逐步感悟数学思想。

例如,分类是一种重要的数学思想。学习数学的过程中经常会遇到分类问题,如数的分类、图形的分类、代数式的分类、函数的分类等。在研究数学问题中,常常需要通过分类讨论解决问题,分类的过程就是对事物共性的抽象过程。教学活动中,要使学生逐步体会为什么要分类,如何分类,如何确定分类的标准,在分类的过程中如何认识对象的性质,如何区别不同对象的不同性质。通过多次反复的思考和长时间的积累,学生会逐步感悟分类是一种重要的思想。学会分类有助于学习新的数学知识,有助于分析和解决新的数学问题。

数学活动经验的积累是提高学生数学素养的重要标志。帮助学生积累数学活动经验是数学教学的重要目标,是学生不断经历、体验各种数学活动过程的结果。数学活动经验需要在"做"的过程和"思考"的过程中积淀,是在数学学习活动过程中逐步积累的。

教学中注重结合具体的学习内容,设计有效的数学探究活动,使学生经历数学的发生发展过程,是学生积累数学活动经验的重要途径。例如,在统计教学中,设计有效的统计活动,使学生经历完整的统计过程,包括收集数据、整理数据、展示数据、从数据中提取信息,并利用这些信息说明问题。学生在这样的过程中,不断积累统计活动经验,加深理解统计思想与方法。

综合与实践是积累数学活动经验的重要载体。在经历具体的综合与实践问题的过程中,教师应引导学生体验如何发现问题,如何选择适合自己完成的问题,如何把实际问题变成数学问题,如何设计解决问题的方案,如何选择合作的伙伴,如何有效地呈现实践的成果,让别人体会自己成果的价值。通过这样的教学活动,学生会逐步积累运用数学解决问题的经验。

> **思考题**
>
> 48. 初中数学教学中如何贯彻数学思想方法?
> 49. 结合具体教学实例谈一谈如何在教学中积累数学活动经验。

### 5. 关注学生情感态度的发展

根据课程目标,广大教师要把落实情感态度的目标作为己任,努力把情感态度目标有机地融合在数学教学过程之中。设计教学方案、进行课堂教学活动时,应当经常考虑如下问题:

如何引导学生积极参与教学过程?

如何组织学生探索,鼓励学生创新?

如何引导学生感受数学的价值?

如何使学生愿意学,喜欢学,对数学感兴趣?

如何让学生体验成功的喜悦,从而增强自信心?

如何引导学生善于与同伴合作交流,既能理解、尊重他人的意见,又能独立思考、大胆质疑?

如何让学生做自己能做的事,并对自己做的事情负责?

如何帮助学生锻炼克服困难的意志?

如何培养学生良好的学习习惯?

在教育教学活动中,教师要尊重学生,以强烈的责任心,严谨的治学态度,健全的人格感染和影响学生;要不断提高自身的数学素养,善于挖掘教学内容的教育价值;要在教学实践中善于用课程标准的理念分析各种现象,恰当地进行养成教育。

**思考题**

50. 教师如何在初中数学教学中关注学生情感态度的发展?

### 6. 合理把握综合与实践的实施

综合与实践的实施是以问题为载体、以学生自主参与为主的学习活动。它有别于学习具体知识的探索活动,更有别于课堂上教师的直接讲授。它是教师通过问题引领、学生全程参与、实践过程相对完整的学习活动。

积累数学活动经验、培养学生应用意识和创新意识是数学课程的重要目标,应贯穿整个数学课程之中。综合与实践是实现这些目标的重要和有效的载体。综合与实践的教学,重在实践、重在综合。重在实践是指在活动中,注重学生自主参与、全过程参与,重视学生积极动脑、动手、动口。重在综合是指在活动中,注重数学与生活实际、数学与其他学科、数学内部知识的联系和综合应用。

教师在教学设计和实施时应特别关注的几个环节是:问题的选择,问题的展开过程,学生参与的方式,学生的合作交流,活动过程和结果的展示与评价等。

要使学生能充分、自主地参与综合与实践活动,选择恰当的问题是关键。这些问题既可以来自教材,也可以由教师、学生设计。提倡教师研制、设计、生成出更多适合本地学生特点的且有利于实现综合与实践课程目标的好问题。

实施综合与实践时,教师要放手让学生参与,启发和引导学生进入角色,组织好学生之间的合作交流,并照顾到所有的学生。教师不仅要关注结果,更要关注过程,不要急于求成,要鼓励引导学生充分利用综合与实践的过程,积累活动经验、展现思考过程、交流收获体会、激发创造潜能。

在实施过程中,教师要注意观察、积累、分析、反思,使综合与实践的实施成为提高教师自身和学生素质的互动过程。

教师应该根据不同学段学生的年龄特征和认知水平,根据学段目标,合理设计并组织实施综合与实践活动。

**思考题**

51. 在初中数学教学中,教师如何合理把握综合与实践的实施?

### 7. 教学中应当注意的几个关系

(1) 面向全体学生与关注学生个体差异的关系。

教学活动应努力使全体学生达到课程目标的基本要求,同时要关注学生的个体差异,促进每个学生在原有基础上的发展。

对于学习有困难的学生,教师要及时地给予关注与帮助,鼓励他们主动参与数学学习活动,并尝试用自己的方式解决问题、发表自己的看法;教师要及时地肯定他们的点滴进步,耐心地引导他们分析产生困难或错误的原因,并鼓励他们自己去改正,从而增强学习数学的兴趣和信心。对于学有余力并对数学有兴趣的学生,教师要为他们提供足够的材料和思维空间,指导他们阅读,发展他们的数学才能。

在教学活动中,教师要鼓励并提倡解决问题策略的多样化,恰当地评价学生在解决问题过程中所表现出的不同水平;问题情境的设计、教学过程的展开、练习的安排等要尽可能地让所有学生都能主动参与,提出各自解决问题的策略,并引导学生通过与他人的交流选择合适的策略,丰富数学活动的经验,提高思维水平。

**历年真题**

【1.24】 (2018年上)《义务教育数学课程标准》(2011年版)在教学建议中指出应当处理好"面向全体学生与关注学生个体差异的关系",论述数学教学中如何理解和处理这一关系。

**参考答案:**

教学活动应努力使全体学生达到课程目标的基本要求,同时要关注学生的个体差异,促进每个学生在原有基础上的发展。

对于学习有困难的学生,教师要及时地给予关注与帮助,鼓励他们主动参与数学学习活动,并尝试用自己的方式解决问题、发表自己的看法;教师要及时地肯定学生的点滴进步,耐心地引导学生分析产生困难或错误的原因,并鼓励他们自己去改正,从而增强学习数学的兴趣和信心。对于学有余力并对数学有兴趣的学生,教师要为他们提供足够的材料和思维空间,指导他们阅读,发展他们的数学才能。

在教学活动中,教师要鼓励并提倡解决问题策略的多样化,恰当地评价学生在解决问题过程中所表现出的不同水平。问题情境的设计、教学过程的展开、练习的安排等要尽可能地让所有学生都能主动参与,提出各自解决问题的策略,并引导学生通过与他人的交流选择合适的策略,丰富数学活动的经验,提高思维水平。

(2)"预设"与"生成"的关系。

教学方案是教师对教学过程的"预设",教学方案的形成依赖于教师对教材的理解、钻研和再创造。理解和钻研教材,应以课程标准为依据,把握好教材的编写意图和教学内容的教育价值;对教材的再创造,集中表现在:能根据所教班级学生的实际情况,选择贴切的教学素材和教学流程,准确地体现基本理念和课程内容规定的要求。

实施教学方案,是把"预设"转化为实际的教学活动。在这个过程中,师生双方的互动往往会"生成"一些新的教学资源,这就需要教师能够及时把握,因势利导,适时调整预案,使教学活动收到更好的效果。

> **思考题**

52. 简述在初中数学教学中,教师如何处理好"预设"与"生成"之间的关系。

(3)合情推理与演绎推理的关系。

推理贯穿于数学教学的始终,推理能力的形成和提高需要一个长期的、循序渐进的过程。义务教育阶段要注重学生思考的条理性,不要过分强调推理的形式。

推理包括合情推理和演绎推理。教师在教学过程中,应该设计适当的学习活动,引导学生通过观察、尝试、估算、归纳、类比、画图等活动发现一些规律,猜测某些结论,发展合情推理能力;教师通过实例使学生逐步意识到,结论的正确性需要演绎推理的确认,可以根据学生的年龄特征提出不同程度的要求。

在初中学段中,教师应把证明作为探索活动的自然延续和必要发展,使学生知道合情推理与演绎推理是相辅相成的两种推理形式。"证明"的教学应关注学生对证明必要性的感受,对证明基本方法的掌握和证明过程的体验。学生证明命题时,应要求证明过程及其表述符合逻辑,清晰而有条理。此外,教师还可以恰当地引导学生探索证明同一命题的不同思路和方法,进行比较和讨论,激发学生对数学证明的兴趣,发展学生思维的广阔性和灵活性。

> **思考题**

53. 简述合情推理与演绎推理的关系。

(4)使用现代信息技术与教学手段多样化的关系。

积极开发和有效利用各种课程资源,合理地应用现代信息技术,注重信息技术与课程内容的整合,能有效地改变教学方式,提高课堂教学的效益。有条件的地区,教学中要尽可能地使用计算器、计算机以及有关软件;暂时没有这种条件的地区,一方面要积极创造条件改善教学设施,另一方面广大教师应努力自制教具以弥补教学设施的不足。

在学生理解并能正确应用公式、法则进行计算的基础上,教师应鼓励学生用计算器完成较为繁杂的计算。课堂教学、课外作业、实践活动中,教师应当根据课程内容的要求,允许学生使用计算器,还应当鼓励学生用计算器进行探索规律等活动。

现代信息技术的作用不能完全替代原有的教学手段,其真正价值在于实现原有的教学手段难以达到甚至达不到的效果。例如,利用计算机展示函数图象、几何图形的运动变化过程;从数据库中获得数据,绘制合适的统计图表;利用计算机的随机模拟结果,引导学生更好地理解随机事件以及随机事件发生的概率;等等。在应用现代信息技术的同时,教师还应注重课堂教学的板书设计。必要的板书有利于实现学生的思维与教学过程同步,有助于学生更好地把握教学内容的脉络。

> **思考题**

  54. 简述初中数学教学中,现代信息技术与教学手段多样化的关系。
  55. 简述在初中数学教学中应当注意的几个关系。

## 二、评价建议

  评价的主要目的是全面了解学生数学学习的过程和结果,激励学生学习和改进教师教学。评价应以课程目标和课程内容为依据,体现数学课程的基本理念,全面评价学生在知识技能、数学思考、问题解决和情感态度等方面的表现。

  评价不仅要关注学生的学习结果,更要关注学生在学习过程中的发展和变化。在评价时应采用多样化的评价方式,恰当地呈现并合理利用评价结果,发挥评价的激励作用,保护学生的自尊心和自信心。通过评价得到的信息,教师可以了解学生数学学习达到的水平和存在的问题,帮助教师进行总结与反思,调整和改进教学内容与教学过程。

> **思考题**

  56. 简述初中数学课程实施评价建议的目的。

### 1. 基础知识和基本技能的评价

  对基础知识和基本技能的评价,教师应以各学段的具体目标和要求为标准,考查学生对基础知识和基本技能的理解与掌握程度,以及在学习基础知识与基本技能过程中的表现。在对学生学习基础知识和基本技能的结果进行评价时,教师应该准确地把握"了解、理解、掌握、应用"不同层次的要求。在对学生学习过程进行评价时,教师应依据"经历、体验、探索"不同层次的要求,采取灵活多样的方法,定性与定量相结合,以定性评价为主。

  每一学段的目标是该学段结束时学生应达到的要求,教师需要根据学习的进度和学生的实际情况确定具体的要求。这些要求是在学段结束时应达到的,教师评价时应注意把握尺度。

  教师应允许学生经过较长时间的努力,随着数学知识与技能的积累逐步达到学段目标。在实施评价时,教师可以对部分学生采取"延迟评价"①的方式,提供再次评价的机会,使他们看到自己的进步,树立学好数学的信心。

> **思考题**

  57. 初中数学课程中基础知识与基本技能的评价包含哪些内容?

---

  ① 延迟评价是指在平时学习过程中,对尚未达到目标要求的学生,可暂时不给明确的评价结果,给学生更多的机会,当取得较好的成绩时再给予评价,以保护学生学习的积极性。

## 2. 数学思考和问题解决的评价

数学思考和问题解决的评价要依据总目标和学段目标的要求，体现在整个数学学习过程中。

对数学思考和问题解决的评价应当采用多种形式和方法，特别要重视在平时教学和具体的问题情境中进行评价。

**思考题**

58. 初中数学课程中数学思考与问题解决的评价包含哪些内容？

## 3. 情感态度的评价

情感态度的评价应依据课程目标的要求，采用适当的方法进行。主要方式有课堂观察、活动记录、课后访谈等。

情感态度评价主要在平时教学过程中进行，注重考查和记录学生在不同方面的表现，了解学生情感态度的状况及变化。例如：（1）主动参与学习活动；（2）学习数学的兴趣和自信心；（3）克服困难的勇气；（4）与他人合作；（5）与同伴和老师交流。

教师可以根据实际情况用灵活多样的方式记录学生情感态度的情况，用恰当的方式给学生以反馈和指导。

**思考题**

59. 初中数学课程中情感态度的评价包含哪些内容？

## 4. 注重对学生数学学习过程的评价

学生在数学学习过程中，知识技能、数学思考、问题解决和情感态度等方面的表现不是孤立的，这些方面的发展综合体现在数学学习过程之中。在评价学生每一个方面表现的同时，教师要注重对学生学习过程的整体评价，分析学生在不同阶段的表现特征和发展变化。评价时应采取灵活的方式记录、保留和分析学生在不同方面的表现。例如：（1）主动参与学习活动；（2）提出问题和分析问题；（3）独立思考问题；（4）与他人合作交流；（5）尝试从不同角度思考问题；（6）有条理地表述自己的思考过程；（7）倾听和理解别人的思路；（8）反思自己思考过程的意识。

还可以通过建立成长记录等方式，使学生记录和反思学习数学的情况与成长的历程。

**思考题**

60. 初中数学课程中如何加强对学生数学学习过程的评价？

## 5. 体现评价主体的多元化和评价方式的多样化

评价主体的多元化是指教师、家长、同学及学生本人都可以作为评价者，可以综合运用教师评价、学生自我评价、学生相互评价、家长评价等方式，对学生的学习情况和教师的教学情况进行全面的考查。例如，每一个学习单元结束时，教师可以要求学生自我设计一个"学习小结"，用合适的形式（表、图、卡片、电子文本等）归纳学到的知识和方法、学习中的收获和遇到的问题等。教师可以通过学习小结对学生的学习情况进行评价,也可以组织学生将自己的学习小结在班级展示交流,通过这种形式总结自己的进步,反思自己的不足以及需要改进的地方,汲取他人值得借鉴的经验。在条件允许时,教师也可以请家长参与评价。

评价方式多样化体现在多种评价方法的运用,包括书面测验、口头测验、开放式问题、活动报告、课堂观察、课后访谈、课内外作业、成长记录等。在条件允许时,教师也可以采用网上交流的方式进行评价。每种评价方式都具有各自的特点,教师应结合学习内容及学生学习的特点,选择适当的评价方式。例如,可以通过课堂观察了解学生学习的过程与学习态度,从作业中了解学生基础知识与基本技能掌握的情况,从探究活动中了解学生独立思考的习惯和合作交流的意识,从成长记录中了解学生的发展变化。

### 思考题

61. 初中数学教学评价包含哪些方式?

62. 如何在数学教学中实现评价主体多元化?

### 6. 恰当地呈现和利用评价结果

评价结果的呈现应采用定性与定量相结合的方式。初中学段可以采用描述性评价和等级(或百分制)评价相结合的方式。

评价结果的呈现和利用应有利于增强学生学习数学的自信心,提高学生学习数学的兴趣,使学生养成良好的学习习惯,促进学生的发展。评价结果的呈现,应该更多地关注学生的进步,关注学生已经掌握了什么,获得了哪些提高,具备了什么能力,还有什么潜能,在哪些方面还存在不足,等等。

教师要注意分析全班学生评价结果随时间的变化,从而了解自己教学的成绩和问题,分析、反思教学过程中影响学生能力发展和素质提高的原因,寻求改善教学的对策。同时,以适当的方式,将学生一些积极的变化及时反馈给学生。

### 思考题

63. 如何在数学教学中合理利用评价结果?

### 历年真题

【1.25】 (2015年上)下面是关于学生数学学习评价的认识:
① 通过考查学生的知识技能就可以对学生的数学学习进行全面评价
② 通过考查学生的情感与态度就可以对学生的数学学习水平进行评价
③ 数学学习的评价重在学习过程,对于学习结果不必看重
④ 数学学习的评价重在激励学生学习,而不是改进教师教学
其中,不正确的为(    )。
A. ③④          B. ①②③          C. ①②④          D. ①②③④

**参考答案:**
本题答案选 D。

### 7. 合理设计与实施书面测验

书面测验是考查学生课程目标达成状况的重要方式，合理地设计和实施书面测验有助于全面考查学生的数学学业成就，及时反馈教学成效，不断提高教学质量。

（1）对于学生基础知识和基本技能达成情况的评价，教师必须准确把握课程内容中的要求。例如，知道$|a|$的含义（$a$表示有理数），了解二次根式（根号下仅限于数）加、减、乘、除运算法则。设计试题时应符合这种要求。

课程内容中的下列选学内容，不得列入考查（考试）范围：能解简单的三元一次方程组，了解一元二次方程的根与系数的关系，知道给定不共线三点的坐标可以确定一个二次函数，了解平行线性质定理的证明，探索并证明垂径定理和切线长定理，了解相似三角形判定定理的证明。

对于相似三角形的判定定理、性质定理的考查，课程标准的要求是"了解"，不要求用这些定理证明其他命题。

此外，在考试中，几何命题的证明应以"图形的性质"中所列出的基本事实和定理作为依据。

对基础知识和基本技能的考查，教师要注重考查学生对其中所蕴含的数学本质的理解，考查学生能否在具体情境中合理应用。因此，在设计试题时，教师应淡化特殊的解题技巧，不出偏题和怪题。

（2）在设计试题时，教师应该关注并且体现课程标准的设计思路中提出的几个核心词：数感、符号意识、空间观念、几何直观、数据分析观念、运算能力、推理能力、模型思想，以及应用意识和创新意识。

（3）教师应根据评价的目的合理地设计试题的类型，有效地发挥各种类型题目的功能。例如，为考查学生从具体情境中获取信息的能力，可以设计阅读分析的问题；为考查学生的探究能力，可以设计探索规律的问题；为考查学生解决问题的能力，可以设计具有实际背景的问题；为考查学生的创造能力，可以设计开放性的问题。

（4）在书面测验中，教师应积极探索可以考查学生学习过程的试题，了解学生的学习过程。

**思考题**

64. 在初中数学教学中，教师应如何进行命题？

**历年真题**

【1.26】（2013年上）《义务教育数学课程标准》（2011年版）指出：书面测验是考查学生课程目标达到状况的重要方式，合理地设计和实施书面测验有助于全面考查学生的数学成就，及时反馈教学成就，不断提高教学质量。请给出合理设计书面测验的具体建议说明。

**参考答案：**

书面测验是考查学生课程目标达成状况的重要方式，合理地设计和实践书面测验有利于全面考查学生的数学学业成绩，及时反馈教学成效，不断提高教学质量。

（1）对于学生基础知识和基本技能达成情况的评价，教师必须准确把握课程内容中的要求。例如,对于一元二次方程根与系数关系的考查,课程内容中的要求是了解,并不要求应用这个关系解决其他问题,教师设计书面测验题目时应符合这个要求,对基础知识和基本技能的考查要注重考查学生对其中所蕴含的数学本质的理解,考查学生能否在具体情境中合理运用,因此在设计试题时,应淡化特殊的解题技巧,不出偏题和怪题。

(2) 在设计试题时,教师应该关注并且体现课程标准设计思路中提出的几个核心词:数感、符号意识、空间观念、几何直观、数据分析观念、运算能力、推理能力、模型思想,以及应用意识和创新意识。

(3) 教师应根据评价的目的合理地设计试题的类型,有效地发挥各种类型题目的功能。例如,为考查学生从具体情境中获取信息的能力,可以设计阅读分析的问题;为考查学生的探究能力,可以设计探索规律的问题;为考查学生解决问题的能力,可以设计具有实际背景的问题,为考查学生的创造能力,可以设计开放性的问题。

(4) 在书面测验中,教师应积极探索可以考查学生学习过程的试题,以了解学生的学习过程。

【本章小结】

本章从义务教育阶段数学教学的定位出发,详细介绍了初中数学的课程性质,课程标准中的基本理念、课程总目标和学段目标、课程内容等。学习本章,有助于教师更好地理解课程标准的要求,特别是理解数学核心概念与课程内容、课程实施、课程评价的关系。

【本章要点回顾】

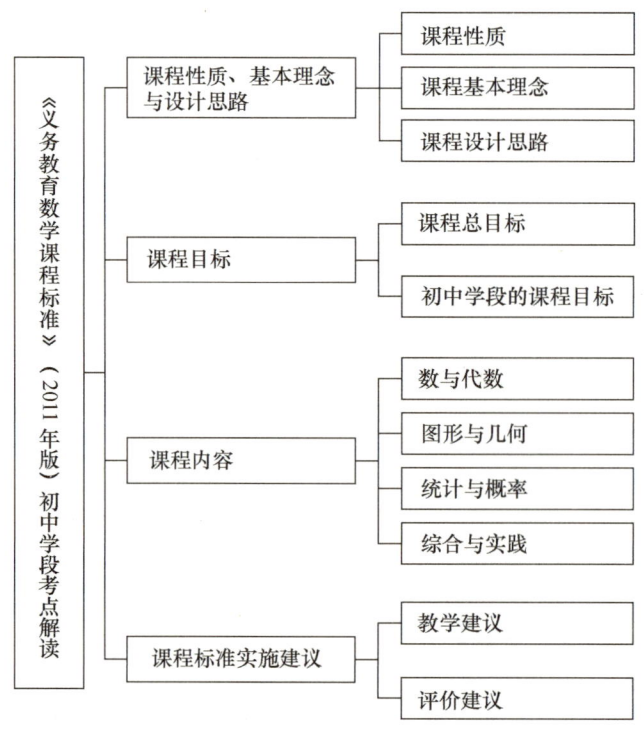

第二章

数与代数内容的
教学特点和案例诊断

## 学习目标

◎ 能够明确数与代数在初中数学课程中的地位，掌握数与代数教学内容的特点。
◎ 能够在教学中充分理解数感、符号意识等概念，并结合数学思想方法解决问题。

## 教学提示

数与代数是《义务教育数学课程标准》(2011 年版)初中学段设置的四个学习领域之一，它在义务教育阶段初中学段的数学课程中占有很大比重，有着重要的教育价值。这个领域的内容是对以往数与计算、代数初步知识、量与计量的部分内容进行了适当的调整、更新、整合后形成的。

## 学习导引

《义务教育数学课程标准》(2011 年版)对学生学习数与代数内容提出的要求主要有：理解数的意义，培养数感和符号意识；适度淡化形式化和记忆的要求，重视在具体情境中去体验、理解有关知识；注重过程，提倡自主学习，强调让学生亲身经历发现规律和探求模式的过程；注重应用，加强对学生数学应用意识和解决实际问题能力的培养；提倡使用计算器，降低对运算复杂性和速度的要求，注重估算等。

# 第一节　数与代数内容的教学特点

《义务教育数学课程标准》(2011 年版)在数与代数领域，最为重要的转变是在数学观与数学教学观上，即从把数学看作是大量概念的记忆与技能的掌握转变到认为数学是一种数感形成和问题解决的过程。教师的教学应以此为导向，全面贯彻落实这一思想。

数与代数学习的核心目标是使学生能运用数学符号来解决问题和进行交流，发展符号意识，即运用数和符号表达数量关系和变化规律（表达），选择适当的方法解决用数和符号表达的问题（操作），能从数和符号运算中得出结论并对结果进行检验（解释）。《义务教育数学课程标准》(2011 年版)强调，随着信息技术的发展和广泛应用，烦琐的、重复的、技巧性很高的计算应当被削弱，学生的精力应放在学习更有价值的内容上。数与代数内容的教学具备以下特点：

## 一、过程性特点

在数与代数中，一些重要的内容，例如方程、不等式、函数等，它们都是刻画现实世界的数学模型。具体来说，方程（或不等式）是刻画现实世界数量关系（相等或大小）的数学模型，函数是刻画现实世界数量变化规律的数学模型，一次函数反映了均匀（等速、线性）

变化的规律,二次函数则反映了等加速的变化规律。通过对这些刻画现实世界的数学模型的了解和认识,学生可以认识到数学是解决实际问题和进行交流的重要工具,感受到数学的价值,初步学会运用数学的思维方式去观察、分析和解决日常生活和其他学科学习中遇到的问题,增强应用意识,培养初步的应用能力。

《义务教育数学课程标准》(2011年版)在初中学段课程内容中指出:数与代数的内容主要包括数与式、方程与不等式、函数,它们都是研究数量关系和变化规律的数学模型,可以帮助人们从数量关系的角度更准确、清晰地认识、描述和把握现实世界。

《义务教育数学课程标准》(2011年版)在目标和内容上要求教师在数与代数的教学中应通过渗透数学建模思想和简单的数学应用来培养学生的数学应用意识和实践能力,并指出让学生"初步学会在具体的情境中从数学的角度发现问题和提出问题,并综合运用数学知识和方法等解决简单的实际问题,增强应用意识,提高实践能力"。因此,在数与代数的教学中,教师应该结合具体的内容让学生经历"问题情境—建立模型—解释、应用与拓展"的过程。在教师的指导下,学生投入到解决问题的实践活动中,经历数学建模的全过程,从而体会方程、不等式、函数等在现实世界中的数学模型,初步领会数学建模的思想和方法,初步形成数学建模意识,提高数学的应用意识和应用数学知识解决实际问题的能力。

在建立实际问题的数与代数模型时,字母(表示数)或符号是基本的数学语言。例如,用 $x$ 表示实际问题中的未知量,通过分析问题中已知量与未知量的相等(或大小)关系,建立起来的反映未知量 $x$ 和已知量之间相等(或大小)关系的方程(或不等式),即为刻画实际问题中相等(或大小)关系的数学模型;同样,在研究一个变化过程中的变化规律时,为了用数学模型来刻画它,我们用字母 $x$、$y$ 分别表示实际问题中的自变量和因变量,通过分析两个变量之间的关系,建立变量 $x$ 和 $y$ 之间的关系式,即得到刻画实际问题中变化规律的数学模型。这些实际问题的解决,实际上也就归结为数与式的运算以及等式(不等式)的变形等。由此可以看到,在数与代数的教学中,数学建模是一条主线。在数学教学中,教师是通过对具体问题的提出和解决过程让学生体会到数学建模的思想。学习数与代数的过程不只是让学生记住数学事实,还应当让学生在数学建模的过程中逐步形成数感、符号意识以及应用意识。

### 二、现实性特点

尽管数学的表现形式具有抽象性,但所反映的内容是非常现实的,与人们的生活、生产有着十分密切的联系。数与代数的重要概念,例如数、代数式、方程、不等式、函数等,都是从人们生活和生产的实践中产生和发展起来的。数学学科本身的这种现实性特点,要求数与代数的教学应力争向学生呈现丰富的现实背景,以学生已有的经验为出发点,关注知识的形成过程,关注学生的学习兴趣和自信心,关注学生探究和运用数学解决实际问题能力的发展。

另外,《义务教育数学课程标准》(2011年版)对数与代数的教学提出了许多现实性要求。如在初中学段目标中提出:"体验从具体情境中抽象出数学符号的过程,理解有理数、实数、代数式、方程、不等式、函数;掌握必要的运算(包括估算)技能;探索具体问题中的数量关系和变化规律,掌握用代数式、方程、不等式、函数进行表述的方法。"另外,对于数与式,《义务教育数学课程标准》(2011年版)提出"借助现实情境了解代数式,进一步理解用字母表示数的意义""能分析具体问题中的简单数量关系,并用代数式表示"。对于方程与不等式,《义务教育数学课程标准》(2011年版)提出"能根据具体问题中的数量关系列出方程,体会方程是刻画现实世界数量关系的有效模型""经历估计方程解的过程""能根据具体问题的实际意义,检验方程的解是否合理""结合具体问题,了解不等式的意义,探索不等式的基本性质""能根据具体问题中的数量关系,列出一元一次不等式,解决简单的问题"。对于函数,《义务教育数学课程标准》(2011年版)提出"探索简单实例中的数量关系和变化规律,了解常量、变量的意义""结合实例,了解函数的概念和三种表示法,能举出函数的实例""能结合图象对简单实际问题中的函数关系进行分析""能用适当的函数表示法刻画简单实际问题中变量之间的关系""结合对函数关系的分析,能对变量的变化情况进行初步讨论""结合具体情境体会一次函数的意义""能用一次函数解决简单实际问题""结合具体情境体会反比例函数的意义""能用反比例函数解决简单实际问题""通过对实际问题的分析,体会二次函数的意义"。

《义务教育数学课程标准》(2011年版)在数与代数的教学内容及具体目标上体现出的重视数学的现实情境的取向,要求数与代数的教学应遵循与课程目标和内容相适应的教学特点——现实性特点。具体地说,数学教学应为学生提供有趣的、丰富的学习情境,创设与学生生活环境、知识背景密切相关的、学生感兴趣的学习情境,使学生感到数学就在自己身边,让学生在现实情境中体验和理解数学,体会到学习数学的乐趣和数学的价值。教师应充分利用学生的生活经验,设计生动有趣、贴近现实的数学教学活动,如以学校、家庭和学生周围经常遇到的事物作为问题的情境,让学生在活动中感受数学,在观察、操作、猜测、交流活动中逐步体会数学知识的产生、形成与发展的过程。教师运用讲故事、做游戏、直观演示、模拟表演等方式,激发学生的学习兴趣,让学生在愉快的情境中理解和认识数学。

### 三、探索性特点

数学是关于模式的科学,数与代数内容中蕴含着大量的规律、公式、法则和算法。《义务教育数学课程标准》(2011年版)在第一、第二、第三学段的数与代数的课程目标和课程内容中,都提出了探索规律的要求,要求"探索简单情境下的变化规律""探索和了解运算律""探索具体问题中的数量关系和变化规律"等。《义务教育数学课程标准》(2011年版)还提供了不少实际案例,便于教师们理解和实施。

为了适应数学课程标准的要求,结合数学学习的特点,在数学教学中,教师应鼓励学生自主探索,给学生留出充分的探索规律、公式、法则,并运用它们解决问题的时间和空间。在数与代数的学习过程中,对学生来说,重要的是要学会探究,发现规律,解决问题,而不是死记结论,死套公式和法则。教师要让学生对现实世界中蕴含的数量关系及变化规律进行探索,通过经历数的概念的建立、扩充及数的运算,公式的建立和推导,方程的建立,求解函数关系等的探究过程,加深对规律、公式、法则、算法等的理解和应用,获得广泛的数学活动经验,激发学生学习数学的兴趣,增强学生学好数学的信心,提高学生的创新意识、探究能力以及分析解决实际问题的能力。

### 四、综合性特点

传统的数学课程不大注意数学与其他学科以及与学生生活经验的联系，代数、几何、概率等领域之间也缺乏联系，这不利于学生对数学知识的整体性和本质的认识。鉴于此，《义务教育数学课程标准》(2011年版)设置了综合与实践领域，主要目的是改变这种状况。不过，数与代数领域本身也有综合与实践应用的问题，主要表现在：方程和函数的思想是这部分内容的主线，坐标、图表等直观方法是联结相关知识的纽带。通过展现这些联系，实现数与代数领域内部知识的综合，各个领域数学知识与表达方式之间的综合，以及数学与其他学科的综合，这可以使学生认识到数学知识之间的内在联系，初步形成对数学知识的整体性认识。另外，与实际问题有关的数学知识，一般是以不同学科的内容相互交织的形态呈现的。例如，收集数据要进行调查和统计，处理数据要用到数、式、方程、函数或图象、表格，解决问题要用到推理、证明或计算，对所得结果要进行实践检验，对结论要做出预测，等等。解决实际问题就是一个综合运用不同学科知识的过程，很少有只依靠计算、推理或只画出一个表格就可以解决问题的情况出现。获得这种综合运用不同领域的知识解决问题的体验，能使学生实实在在地感受到不同数学知识之间的本质联系，以及数学与其他学科和现实生活的联系，体会到数学的应用价值和科学价值。

现代教学越来越注重综合的倾向。数与代数领域中数学知识的综合性特点，决定了在数学教学中，教师要整合多学科的资源，注意沟通图形与几何、统计与概率等领域知识之间的联系，实现相互渗透，相互补充，共同服务于学生的全面发展。

综上所述，在《义务教育数学课程标准》(2011年版)指导下的数与代数教学，教师应突出强调过程性、现实性、探索性和综合性的特点。教学中，教师应以学生已有的经验为出发点，向学生呈现丰富的问题情境，重视让学生经历现实问题数学化及数学建模的过程，突出规律、公式、法则、算法等的探索过程，促进学生在知识技能、数学思考、问题解决和情感态度方面得到全面的发展。以上这些教学建议或教学原则是课程标准所提倡的，教师在教学过程中应体现出来。但这些教学原则不是僵化教条的，教师在教学中应发挥自己的创造性和想象力，设计出适合学生的教学方式，以提高教学效率和质量。

## 第二节　数与代数内容教学案例诊断

## 案例 2.1　代数式概念(2012 年下)

**阅读案例，并回答问题。**

案例：
阅读下列三位教师有关代数式概念的教学片断。
【教师甲】
教师甲展示列题：一隧道长 $L$ 米，一列火车长 180 米，如果该列火车穿过隧道所花的

时间为 $t$ 分钟,则列车的速度怎么表示?学生计算得出 $\frac{L+180}{t}$。教师甲指出:$\frac{L+180}{t}$,$10a+2b$ 这类表达式称为代数式。

【教师乙】

带领学生复习上节课的内容后,首先,教师乙在黑板上写下代数式的定义为"由运算符号、括号把数和字母连接而成的表达式称为代数式",特别指出"单独一个数或字母也称为代数式";其次,教师乙在黑板上写了几个式子,让学生判断哪些是代数式,哪些不是;接着教师乙通过让学生"由文字题列代数式"及"说出代数式所表示的意义"进一步解释代数式的概念;最后,教师乙让学生练习与例题类似的题目。

【教师丙】

教师丙让学生自学教材,但是教材并没有说"代数式"是怎么来的,有什么作用。接着教师丙大胆地提出开放式问题:"我们怎样用字母表示一个奇数?"当时教室里安静极了,学生们都在思考。先有一名学生举手回答:"$2a-1$。""不对,若 $a=1.5$ 呢?"另一名学生说。片刻沉默之后,又有一名学生大声地说:"$a$ 应该取整数!"有些学生不大相信:"奇数 77 能用这个式子表示吗?"不久,许多学生算出来:"$a$ 取 39。"

此时,教师丙趁势进行了简单的点拨:"只要 $a$ 取整数,$2a-1$ 一定是奇数,对吗?那么偶数呢?"他并没有进行更多的解说,点到为止。最后的课堂小结也很简单:"数和式有什么不同?""式中的字母有约束吗?""前面一节学过的式子很多都是代数式!"……从师生们自如的沟通来看,他们对知识的掌握都已成竹在胸。

问题:

(1)你认可教师甲的情境创设吗?说明理由。

(2)你认可教师乙的教学过程吗?说明理由。

(3)你认可教师丙的教学过程吗?说明理由。

**解析:**

(1)教师甲的情境创设存在优点也存在缺点。优点在于情境创设运用了学生熟悉的物理背景来进行情境导入,降低了学生对新知识认知的难度。

缺点在于情境创设脱离了学生的现有生活实际,导致学生的认知起点与数学逻辑起点失调,无法引起学生的思维共鸣,使问题情境中隐含的数学问题与数学方法不能与教学目标相衔接,不能形成学生原有认知水平及生活经验的正迁移。

(2)教师乙的教学过程存在优点也存在缺点。优点是一开始复习了上节课的内容,进行了新旧知识间的过渡,降低了学生对新知识的认知难度;教师乙采取了直接导入的方法,开门见山地介绍本节课的内容,引起学生的注意,使学生迅速进入学习状态,对本节课内容的基本轮廓有了大致的了解;整个教学过程条理清楚、重难点突出;最后教师乙进行巩固练习,加深了学生对新知识的识记和掌握。

缺点在于教师乙没有进行合适的情境创设,没有给学生自主思考的时间,将知识全盘塞给学生,剥夺了学生自主探究问题的权利,无法激发学生学习新知识的兴趣,学生只能机械地配合老师的教学。整个过程中,缺乏师生间的互动,教师乙忽略了学生的主体地位。

(3)教师丙的教学过程存在优点也存在缺点。优点是教师丙充分发挥了学生的主体地位,开放性问题激发了学生自主探究的兴趣,有利于培养他们的独立思考能力和创新意识。

缺点在于教师丙没有给学生自主探究的准备时间,没有提供丰富的自学素材;另外,教师丙导入的开放式问题并不能充分突出代数式这节课的核心——"数"与"式"的区别;在探究过程中,教师丙没有科学合理地发挥自己的主导作用,小结也显得过于潦草和模糊。

## 案例 2.2 零指数幂(2013 年下)

**阅读案例,并回答问题。**

案例:

下面是"零指数幂"教学片断的描述,阅读并回答问题。

片断一:观察下列式子,判断指数有什么变化规律? 相应的幂有什么变化规律? 猜测 $2^0 = ?$

$$2^4 = 16,$$
$$2^3 = 8,$$
$$2^2 = 4,$$
$$2^1 = 2,$$
$$2^0 = ?$$

上面算式中,从上到下每一项指数减 1,幂减半,猜测 $2^0 = 1$。

片断二:用细胞分裂作为情境,验证上面的猜测,一个细胞分裂一次变为 2 个,分裂 2 次变为 4 个,分裂 3 次变为 8 个……那么,一个细胞没有分裂时会变为几个呢?

片断三:应用同底数幂的运算性质,$2^m \div 2^n = 2^{m-n}$($m,n$ 为正整数,$m>n$),我们可以尝试 $m=n$ 的情况,有 $2^3 \div 2^3 = 2^{3-3} = 2^0$,根据 $2^3 \div 2^3 = 8 \div 8 = 1$,得出 $2^0 = 1$。

片断四:在学生感受"$2^0 = 1$"的合理性的基础上,做出"零指数幂"的规定,即 $a^0 = 1$($a \neq 0$)。验证这个规定与原有"幂的运算性质"是无矛盾的,即原有的"幂的运算性质"可以扩展到"零指数幂"。

问题:

(1) 请确定这四个片断的整体教学目标。

(2) 验证运算法则 $a^{m+n} = a^m \cdot a^n$($m,n \in \mathbf{Z}^+$)可以拓展到自然数集。

(3) 这四个片断对数学运算法则的教学有哪些启示?

**解析:**

(1) 知识与技能目标:掌握整数指数幂的运算性质,理解零指数幂的意义,提高数学归纳总结的能力。

过程与方法目标:通过不同运算的探索,体会从特殊到一般的数学方法。

情感态度与价值观目标:培养学生观察分析的能力、利用已有知识探究问题的能力,加深学生对类比推理和严谨推理的认识,培养学生的数学思维能力。

(2) 这里验证运算法则显然可用案例中的结论,即 $a^0=1(a\neq 0)$。

① 当 $m,n$ 都等于 0 时,左边 $=a^{0+0}=a^0=1$,右边 $=a^0 \cdot a^0=1\times 1=1$,左边等于右边,所以 $a^{m+n}=a^m \cdot a^n$ 成立;

② 当 $m,n$ 中有一个为 0 时,不妨设 $m=0$,由于左边 $=a^{0+n}=a^n$,右边 $=a^0 \cdot a^n=1\times a^n=a^n$,左边等于右边,所以 $a^{m+n}=a^m \cdot a^n$ 成立。

综上所述,$a^{m+n}=a^m \cdot a^n$ 拓展到自然数集也成立。

(3) 这四个教学片断对数学运算法则的教学启示有:从特殊到一般是一种重要的数学研究方法;在验证某一公式时,往往有多种途径,不同途径所利用的基本概念或基本性质往往也是不同的;从不同角度理解公式有助于学生深入学习不同知识点及其之间的联系,便于系统性学习;可以在已有知识的基础上推导运算法则,观察分析和根据规律是数学运算法则教学中的一种方法;要注意学科之间的交叉性,教师教学可以运用学生比较熟悉的其他学科的知识。

# 案例 2.3 一元二次方程(2014 年上)

**阅读案例,并回答问题。**

案例:
下面是某位学生用开平方方法解方程的过程。
求 $(3x+1)^2-4=0$ 方程中的值。

解:                     $(3x+1)^2-4=0$,
移项得                    $(3x+1)^2=4$,
开平方得                   $3x+1=2$,
移项得                    $3x=1$,
解得                     $x=\dfrac{1}{3}$。

问题:
(1) 该学生的解题过程哪步错了?分析其原因。
(2) 针对该学生的情况,请你设计一个辅导教学片断(可以为师生问答形式),并说明设计意图。
(3) 除了开平方法外,本题还可以用哪些方法解答(至少列举两种)?

**解析:**

(1) 该学生在开平方 $3x+1=2$ 这一步出现了错误,原因是对平方根的概念没有掌握。在最后得出根 $x=\dfrac{1}{3}$ 这一步也出现了错误,原因是对一元二次方程根的个数及写法没有掌握。

(2) 设计的辅导教学片断如下。

师:$3^2$ 等于多少?$(-3)^2$ 等于多少?

生：9。

师：根据平方根的定义，9的平方根为多少？

生：±3。

师：$a(a≥0)$的平方根为多少？

生：当$a>0$时，平方根有两个，即$±\sqrt{a}$；当$a=0$时，平方根为0。

（由数字到字母，由具体到抽象，让学生理解平方根的概念及掌握开平方运算）

师：$x^2=16$，$x$是多少呢？

生：±4。

师：本题中$(3x+1)^2-4=0$，开平方那一步怎么运算，可以得到几个答案，也就是有几个根？

生：$3x+1=2$或$3x+1=-2$，可以得到两个答案，本题有两个不相等的实数根。

师：请大家写出$(2x+3)^2-16=0$这个题目完整的步骤。

生：

解：　　　　　　　　　　$(2x+3)^2-16=0$，

移项得　　　　　　　　$(2x+3)^2=16$，

开平方得　　　　　　　$2x+3=±4$，

移项得　　　　　　　　$2x=1$，或$2x=-7$，

解得　　　　　　　　　$x_1=\dfrac{1}{2}$，$x_2=-\dfrac{7}{2}$。

师：非常好，步骤也很完整。以后注意细节，继续努力。

在整个辅导教学片断中，教师通过师生问答的形式，根据学生已有的知识提出问题，启发学生反思自己做题中的错误以及错误的原因所在，帮助学生真正领悟开平方法解方程的正确步骤，并通过巩固练习的方式，一步一步地由易到难，由具体到抽象，促进学生能力的提高。

（3）① 公式法。

解：　　　　　　　　　　$(3x+1)^2-4=0$，

化简得

$$3x^2+2x-1=0。$$

$a=3$，$b=2$，$c=-1$。

$\Delta=b^2-4ac=16>0$。

方程有两个不等的实数根

$$x=\dfrac{-b±\sqrt{b^2-4ac}}{2a}$$

$$=\dfrac{-2±\sqrt{16}}{2×3}，$$

即

$$x_1=-1，x_2=\dfrac{1}{3}。$$

② 因式分解法。

解：
$$(3x+1)^2-4=0,$$
因式分解，得
$$(3x+3)(3x-1)=0,$$
于是得
$$3x+3=0, 或 3x-1=0,$$
$$x_1=-1, x_2=\frac{1}{3}。$$

## 案例 2.4　函数与图象（2014 年下）

**阅读案例，并回答问题。**

案例：

教师：图 2.1 是距离 $S$（米）与时间 $t$（分钟）关系的图象，请大家根据图象创设问题情境。

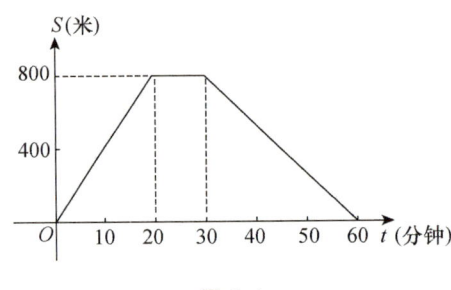

图 2.1

生甲：小明到小亮家借阅学习资料，从家出发 20 分钟后到达距他家 800 米远的小亮家，在小亮家停留了 10 分钟，小明再步行 30 分钟回到家。

生乙：父亲吃过晚饭外出，步行 20 分钟后，到达离家 800 米远的报刊亭，看了 10 分钟的报纸，然后往回走，散步 30 分钟后到家。

同学们一边欣赏发言同学创设的问题情境，一边思考其情节是否符合题意。这时，教师发现课堂中一向积极踊跃的课代表小洁略皱眉头。

师（亲切）：看来我们的课代表有疑问呀，告诉大家你在想什么。

小洁：在大家创设的问题情境中，中间一段时间都是看报、学习、休息、吃饭之类的，这些都是不动的情况。老师，我在想这条水平的线段能不能表示运动的情况？

听了小洁的话，大家愣住了，热闹的讨论变成了安静的思考，老师的心更是一惊：随着时间的推移而距离不变，当然是静止的，难道不对吗？备课时只想到静止的情况，没有思考过是否可以运动呀。但有没有运动的情况呢？一连串的问号令教师一时也想不出答案。

问题：

(1) 请分析该教师所落实的函数的教学目标。

(2) 该教师在课堂教学中主要充当了什么角色？针对小洁同学的疑问,如果你是该教师,你该如何回应？

(3) 针对小洁同学的问题,是否存在这样的问题情境？ 如果不存在,请简述理由；如果存在,请设计这样的问题情境。

**解析：**

(1) 知识与技能目标：理解函数图象表示的意义。

过程与方法目标：通过观察图象,提高学生分析图象、提出问题、解决问题的能力和语言表达能力。

情感态度与价值观目标：体会函数是刻画现实世界中的一类运动变化规律的模型,使学生养成运用动态、发展、变化的观点认识客观世界的思维习惯。

(2) 该教师在课堂教学中是组织者、引导者与参与者。针对小洁同学的疑问,如果我是该教师,会这么做,诚恳地跟全体学生说："老师现在也没想到,要不咱们比一比,看谁先想到？"课堂上,表扬小洁具有勇于质疑、勤于思考的精神,并与同学们一起分享。

(3) 针对小洁同学的问题,存在这样的问题情境。问题情境可如下：小洁吃过晚饭后,从家出发 20 分钟走到离家 800 米的距离,接着小洁沿着以他家为圆心,800 米为半径的圆形道路上散步,走了 10 分钟,然后离开圆形道路经过 30 分钟到家。因为圆周上的点到圆心的距离处处相等,所以沿着圆周既可以运动也可以静止,既可以前进也可以来回走动,既可以原路返回也可以从别的路返回。

## 案例 2.5　反比例函数图象(2015 年下)

**阅读案例,并回答问题。**

案例：

某教师关于"反比例函数图象"教学过程中的三个步骤为：

第一步,复习回顾。

提出问题：我们已经学过一次函数的哪些内容？ 是如何研究的？

第二步,引入新课。

提出问题：反比例函数图象是什么形状呢？

教师引导学生利用描点法画出 $y=\dfrac{1}{x}$ 的函数图象。

① 列表(如表 2.1 所示)。

表 2.1　$y=\dfrac{1}{x}$ 的取值表

| $x$ | … | $-6$ | $-5$ | $-4$ | $-3$ | $-2$ | $-1$ | $1$ | $2$ | $3$ | $4$ | $5$ | $6$ | … |
|---|---|---|---|---|---|---|---|---|---|---|---|---|---|---|
| $y=\dfrac{1}{x}$ | … | $-\dfrac{1}{6}$ | $-\dfrac{1}{5}$ | $-\dfrac{1}{4}$ | $-\dfrac{1}{3}$ | $-\dfrac{1}{2}$ | $-1$ | $1$ | $\dfrac{1}{2}$ | $\dfrac{1}{3}$ | $\dfrac{1}{4}$ | $\dfrac{1}{5}$ | $\dfrac{1}{6}$ | … |

② 描点。

连线。教师引导学生用光滑的曲线连接所描的点,并用计算机演示图象的生成过程。在此过程中启发学生思考,由于 $x,y$ 都不能为 $0$,所以函数图象与 $x$ 轴、$y$ 轴不能有交点(如图 2.2 所示)。

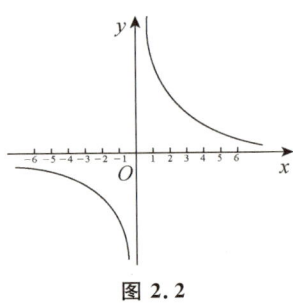

图 2.2

第三步过程省略。

问题:

(1) 该教学过程的主要特点是什么?

(2) 在第二步的连线过程中,如果你是该教师,如何引导学生思考所连的线不是直线,而是光滑曲线?

(3) 对于第三步的过程,如果你是该教师,如何引导学生思考函数图象在第一象限(或第三象限)的变化?

**解析:**

(1) 教师在导入过程中运用了温故知新的方法,优势是可以帮助学生复习已经学习过的知识,从学习过的知识中找到前后联系,从而引出新课,帮助学生快速地进入课堂。在新课的教学过程中,教师让学生通过动手操作画出反比例函数图象,但是在引导学生运用列表法的时候选出的点不够有代表性,$x$ 轴不能都是整数,可以随机地选取一部分分数,为后面讲解函数图象是一条光滑的曲线做准备。另外在此过程中,教师利用了现代教学手段,用计算机演示是一种很好的教学方法,可以很直观地将函数图象的动态画面展示给学生,方便学生建立数形结合的意识。

(2) 反比例函数图象的特点是光滑的曲线,不是折线,这是区别于一次函数图象的最大特点。如果我是该教师,首先我会请学生分小组讨论这个问题,如果反函数的图象的点用折线连起来,会是什么图形,用曲线连起来会是什么图形,给学生三分钟时间讨论,在讨论的过程中我会给学生提示,我们选取的点是有限的,但反比例函数的点是有无数个的,提示学生正多边形的边无限增多就变成了光滑的圆。讨论结束后,请小组代表回答,鉴于这个问题有难度,在学生回答结束之后,我会进行详细的讲解:反比例函数的图象可以通过描点法算出,折线是由若干直线组合而成的,而直线必须对应一个一次函数,显然反比例数不能对应到一次函数上,所以它不是折线,而是曲线。另外,我们只是描了图象上少数的几个点,图象架构比较空,所以自然地认为看起来应该是用折线连,如果多描几个点,多到密密麻麻的情况,就会明白其实这个就和"正多边形边数越多越接近圆,圆就是正多边形边数无限大时的情况"的道理是一样的。通过不断引导,逐步培养学生有限和无限的思想。

(3) 在第三步中,如果我是该教师,我将组织学生通过选取若干特殊点进行比较,独立思考曲线的变化情况,并鼓励学生大胆说出自己的想法,同时给予鼓励,以达到锻炼学生从数学模型中抽象出数学结论的能力,使学生对数学图象的变化认识得到初步的锻炼以及提升。

## 案例 2.6  有理数混合运算(2016 年上)

**阅读案例,并回答问题。**

案例:

在有理数运算的习题课上,有这样一道题:

计算:$\left(-105\frac{5}{7}\right) \div (-5) - 2 \times \left(-\frac{3}{8} + \frac{1}{2}\right)$。

学生甲的计算:

$$\left(-105\frac{5}{7}\right) \div (-5) - 2 \times \left(-\frac{3}{8} + \frac{1}{2}\right)$$
$$= -21\frac{1}{7} + \frac{3}{4} + \frac{1}{4}$$
$$= -20\frac{1}{7}。$$

学生乙的计算:

$$\left(-105\frac{5}{7}\right) \div (-5) - 2 \times \left(-\frac{3}{8} + \frac{1}{2}\right)$$
$$= 105\frac{5}{7} \times 5 + \frac{3}{4} + 1$$
$$= 528\frac{4}{7} + \frac{7}{4}$$
$$= 529。$$

学生丙的计算:

$$\left(-105\frac{5}{7}\right) \div (-5) - 2 \times \left(-\frac{3}{8} + \frac{1}{2}\right)$$
$$= 105\frac{5}{7} \div 5 - \left[2 \times \left(-\frac{3}{8}\right) + 2 \times \frac{1}{2}\right]$$
$$= 105\frac{5}{7} \times \frac{1}{5} + \frac{3}{4} - 1$$
$$= 21\frac{1}{7} - \frac{1}{4}$$
$$= 20\frac{25}{28}。$$

问题:

(1) 判断学生甲、乙、丙的运算过程是否正确。

(2) 请指出学生运算过程中的错误,并分析产生错误的原因。

(3) 针对有理数的运算,谈谈如何提高学生的运算能力。

**解析:**

(1) 学生丙正确,学生甲、乙错误。

(2) 学生甲有两处错误,一是前两项相乘的符号错误,应是两数相乘同号为正;二是后面一项中的 $-2\times\dfrac{1}{2}$ 应为 $-1$,原因是学生甲没有掌握两数相乘同号为正、异号为负的运算法则,此外,对整数乘以分数的运算法则没有掌握;学生乙有两处错误,一是前面一项中,一个数除以另一个数等于乘以这个数的倒数,二是后面一项中的 $-2\times\dfrac{1}{2}$ 应为 $-1$,原因是学生乙对分数除以整数的运算法则理解不清,还有对整数乘以分数的运算法则没有掌握或者是粗心。

(3) 运算能力是指能够根据法则和运算律正确地进行运算的能力。培养运算能力有助于学生理解运算的算理,寻求合理简洁的运算途径解决问题。可见运算能力的构成并不只是简单应用、机械重复已学的法则和公式,还包括学生对所学知识的体验、选择与主动建构。为了有效提高学生有理数的运算能力,教师应从以下几个方面入手:

第一,加强概念、算理的教学,重视展现知识发生与发展的过程。数学课程的教学突出"经历感受",教师应明确自己的角色转换,不要拘泥于传统教学方式中的"告诉"和"讲解"。

第二,要认真分析学生出错的原因,找准错误的根源,对症施治。学生出错的地方往往带有普遍性,如在加减运算、有理数的乘方中经常发生符号错误,在数与多项式相乘的过程中出现运算错误,对乘方的概念理解错误等。教师要将学生出现的错误作为良好的教学资源,充分利用课堂的集成效应,在学生注意力的黄金时段内重点讲解学生作业中大量出现的问题,争取集中处理。

第三,教师要认真地研究学生,树立正确的学生观。初中学段的学生都经历了小学非负数的运算,头脑中装着"和不小于任一加数""差不大于被减数""运算不需考虑符号"等计算经验。但在学习有理数的运算过程中,由于引入了负数,出现了新知识与原有知识不相吻合的情况,新知识与原有知识相冲突,教师的教学必须尊重学生的实际经验,重视学生对知识的理解与实际学习,切不可急于求成。

## 案例 2.7　有理数加法运算(2016 年下)

**阅读案例,并回答问题。**

案例:

在有理数的加法一节课中,对于有理数加法的运算法则的形成过程,两位教师的一些教学环节分别如下:

【教师甲】

第一步:教师直接给出几个有理数加法算式,引导学生根据有理数的分类标准,将加法算式分成六类,即正数与正数相加,正数与负数相加,正数与 0 相加,0 与 0 相加,负数

与 0 相加,负数与负数相加。

第二步:教师给出具体情境,分析两个正数相加、两个负数相加、正数与负数相加的情况。

第三步:让学生进行模仿练习。

第四步:教师将学生模仿练习的题目再分成四类,即同号相加,一个加数是 0,互为相反数的两个数相加,异号相加。分析每一类题目的特点,得到有理数加法法则。

**【教师乙】**

第一步:请学生列举一些有理数加法的算式。

第二步:要求学生先独立运算,然后小组讨论,再全班交流。对于讨论交流的过程,教师提出具体要求。如运算的结果是什么?你是怎么得到结果的?

在讨论过程中,学生提出利用具体情境来解释运算的合理性……

第三步:教师提出"不考虑具体情境,基于不同情况分析这些算式的运算有哪些规律"的问题。

学生分组讨论后再全班交流,归纳得到有理数加法法则。

问题:

(1) 两位教师均重视分类讨论思想,简要说明并评价这两位教师关于分类讨论思想的教学方法的差异。

(2) 请你再举两个分类讨论的例子,并结合你的例子谈谈对数学中的分类讨论思想及其教学的理解。

**解析:**

(1) 教师甲的教学方法是典型的讲授法,从一开始便将分类讨论的思想贯穿其中。教师甲直接给出几个有理数加法算式,并引导学生利用以前学过的有理数的分类标准进行迁移,对有理数加法算式进行分类,能够使学生快速地接受新知识,解决实际问题。教师乙开始时没有强调分类讨论的重要性,而是以学生为主体,让学生列举一些有理数的加法的算式,充分调动了学生的主观能动性和学习积极性,再通过小组讨论,学生交流等过程,给了学生充分的时间与空间对有理数加法进行讨论计算,然后提出"基于不同情况分析这些算式有哪些规律"的问题,让学生对分类讨论思想进行自主探索。这有助于培养学生发散性思维。

(2) 举例 1:关于 $x$ 的方程 $ax^2-(a+2)x+2=0$ 只有一个解(相同解算一个解),则 $a$ 的值为_____。

本题的解答需要学生展开分类讨论,不仅要考虑一元二次方程两个根相同的情况,还应考虑到在二次项系数为零且一次项系数不为 0 时的一元一次方程也同样满足题意。

举例 2:解一元二次不等式 $x^2-9>0$。

解:因为 $x^2-9=(x+3)(x-3)$,

所以 $(x+3)(x-3)>0$。

由有理数的乘法法则"两数相乘,同号得正",不等式的解共有两种情况,分别是 $\begin{cases} x+3>0 \\ x-3>0 \end{cases}$ 和 $\begin{cases} x+3<0 \\ x-3<0 \end{cases}$,再对两个不等式组分别求解。

分类讨论的过程就是对事物共性的抽象过程,在教学活动中,教师要使学生逐步体会为什么要分类讨论,如何分类讨论,如何确定分类讨论的标准,在分类讨论过程中如何认识对象的性质,如何区别不同对象的不同性质。分类讨论是一种思想方法,教师要将它渗透到学生的意识中,这才能有效地指导实践。渗透的过程不是一蹴而就的,教师要在教学过程中,多次反复地指导学生思考,进行长时间的积累,学生才能将这种思想方法不断融入知识学习的各个阶段。

## 案例2.8 一次函数性质运用(2017年下)

**阅读案例,并回答问题。**

案例:

某学校的初二年级数学备课组针对一次函数,拟对兴趣班的学生上一次拓展课,经过讨论,拟定了如下教学目标:

① 进一步理解一次函数解析式 $y=kx+b(k\neq 0)$ 中参数的含义;

② 探索两个一次函数图象的位置关系。

为了落实教学目标②,针对参数 $k$,甲、乙两位教师给出了不同的教学思路:

【教师甲】

先提出问题,一次函数图象是直线,两个一次函数表示的直线平行时,它们对应的一次函数解析式中参数 $k$ 有什么特点呢?

然后给出一般结论:若函数 $y=k_1x+b_1(k_1\neq 0)$,$y=k_2x+b_2(k_2\neq 0)$ 表示的两条直线平行,则有 $k_1=k_2$。接着通过具体实例,让学生体会参数 $k$ 的含义。

【教师乙】

让学生在同一坐标系下,作一次函数图象,在此过程中体会 $k$ 的含义。如将学生分两组,分别画一次函数 $y=-x+1$,$y=-x+2$,$y=\frac{1}{2}x-3$,$y=\frac{1}{2}x+1$ 的图象,再让学生观察每组图象的位置关系,从而体会参数 $k$ 的含义。

问题:

(1) 对该备课组拟定的教学目标进行评析。

(2) 分析甲、乙两位教师教学思路的特点。

**解析:**

(1) 本次课为拓展课,针对的学生是兴趣班的学生。评析分为以下几点:

① 该备课组所拟定的目标,目标主体正确,行为动词恰当。

② 就知识与技能目标而言,进一步理解一次函数解析式的参数含义,符合拓展课的需求以及兴趣班的学情,而探索两个一次函数图象的关系体现了本堂课的具体过程。就过程与方法目标而言,有过程却无明显的方法体现,在这一点上,目标拟定有所不足。

③ 在情感态度与价值观目标上,针对兴趣班学生的拓展课,一定要体现出学生正确积极的情感态度与价值观,而该备课组所拟定的目标在这一点上没有具体呈现。

(2) 教师甲先出示问题,之后给出了平行直线中一次函数解析式中 $k$ 值相等的结论。这种设计思路是为了让学生直接对问题的结论有一个深刻的印象,产生一定的认知,再举出一些具体实例,让学生体会参数 $k$ 的含义,并对结论进行巩固。但是这样的设计思路也有一些不足,没有考虑到学生学习的自主性,在学生发现问题的能力培养上是有所欠缺的,启发性有些不足。

教师乙在授课中并没有直接给出参数 $k$ 的含义,而是在学生动手实践、自主探索与合作交流的基础上得出本节课的知识内容。教师乙先将学生分组合作画图,进一步归纳总结出答案,使课程内容不仅包括数学的结果,也包括数学结果的形成过程和蕴含的数学思想方法,体现了学生是学习的主体,有利于学生对知识的学习和掌握。

## 案例 2.9　有理数减法运算(2018 年上)

**阅读案例,并回答问题。**

案例:

在有理数运算的课堂教学片断中,某学生的板演如下:

$$|-0.25| \div \left(-\frac{2}{7}\right) \times \left(-1-\frac{1}{5}\right)$$
$$= \frac{1}{4} \times \left(-\frac{2}{7}\right) \times \left(-\frac{4}{5}\right)$$
$$= \frac{7}{10}。$$

针对该学生的解答,教师进行了如下教学。

师:请仔细检查你的演算过程,看是否正确无误?

生:好像正确吧。

师:对于这个 $\left(-1-\frac{1}{5}\right)$,你是怎么想的?

生:$-1$ 减 $\frac{1}{5}$,不对;是 $-1$ 和 $-\frac{1}{5}$ 的和,不对;哎呀!老师我不会了。

问题:

(1) 请指出该生解题中的错误,并分析产生错误的原因。

(2) 针对该生在解题中的错误,教师呈现如下两个例题,并板书了解答过程。

【例题 1】$-1-\frac{1}{5}=-1+\left(-\frac{1}{5}\right)=-\left(1+\frac{1}{5}\right)$。

【例题 2】$-1-\left(-\frac{1}{5}\right)=-1+\frac{1}{5}=-\frac{4}{5}$。

请分析例题 1、例题 2 中每一步运算的依据。

**解析:**

(1) 学生在计算中错把 $-1-\frac{1}{5}$ 算成了 $-\frac{4}{5}$,正确答案应该是 $-\frac{6}{5}$。出现这样的错误,有以下几个原因:① 学生在学习有理数时,特别是负数时,没有完全理解正数和负数的概念,没能将正数、负数和相反数这些概念联系起来;② 学生对于符号的认识和理解不够全面,比如负号,除了当减号进行运算外,还可以表示负号,相当于一个数的相反数;

③ 从学生的回答可以看出学生对于负数的运算法则和运算律掌握不扎实,在老师询问时出现了混淆、混乱的情况;④ 教师本身在教学过程中也存在一些问题,在新课讲解过程中,对学生的预设不足,针对学生难以理解的知识点,没有进行更细致和通俗的讲解。

(2) 例题 1 是有理数的减法,第一步是利用有理数的减法法则,减去一个数等于加这个数的相反数,转化为加法;第二步是同号有理数的加法,取相同的符号,然后把绝对值相加。题中是提取出了负号,放在括号外面,把 $-1$ 和 $-\frac{1}{5}$ 的绝对值相加。例题 2 是有理数的减法,与例题 1 不同的是第二个数不同,第一步利用有理数的减法法则,减去一个数等于加这个数的相反数,转化为加法,得到 $-1+\frac{1}{5}$,而这个式子需要利用有理数的加法,不同的是这个式子为两个异号的有理数相加,因为 $-1$ 和 $\frac{1}{5}$ 的绝对值不相等,取绝对值较大数的符号,即负号,并用大的绝对值减去较小的绝对值,即 $-\left(1-\frac{1}{5}\right)$,从而得到结果。

## 案例 2.10 反比例函数取值范围求解

**阅读案例,并回答问题。**

案例:

某学生在求反比例函数的取值范围。题为"反比函数 $y=\frac{2}{x}$,当 $x \leqslant 3$ 时,求 $y$ 的取值范围"。该学生直接将 $x \leqslant 3$ 代入 $y=\frac{2}{x}$,得 $y \geqslant \frac{2}{3}$。

问题:

(1) 该学生的解题过程哪步错了? 分析原因。
(2) 针对该学生的情况,请你设计一个辅导教学片断,并说明设计意图。
(3) 怎样防范这样的错误呢?

**解析:**

(1) 该学生直接将 $x \leqslant 3$ 代入 $y=\frac{2}{x}$ 是错误的,因为该学生没有考虑 $x<0$ 的情形。

(2) 设计的教学片断如下。

师:我们知道函数是有定义域的,那么函数 $y=\frac{2}{x}$ 的定义域是什么呢?
生:$x$ 大于 0 或 $x$ 小于 0。
师:是的,那么同学们可以画出它的图象吗? 大家试试。
师:当 $x \leqslant 3$ 时,$y$ 的取值范围是什么呢? 是不是还要考虑 $x$ 小于 0 的情形呢?
生:是。
师:那么当 $x \leqslant 3$ 时,$y$ 的取值范围是什么呢?

生：$y \geq \frac{2}{3}$ 或 $y < 0$。

师：很好，大家以后解题时一定不要急于求成，而要认真地思考。

教学片断的设计意图是让学生在解关于函数的题型时首先要考虑函数的定义域，在定义域上研究函数。

（3）防范这种错误的方法是结合图象，注意反比例函数图象是两支，在每一个象限内的情形要分开来解决。

## 案例 2.11　代入消元法解二元一次方程组（2018 年下）

**阅读案例，并回答问题。**

案例：

以下是某教师教学代入消元法解二元一次方程组的主要环节。

首先，教师引导学生复习二元一次方程组的有关知识。然后，呈现如下教学例题，让学生独立思考并解决。

篮球联赛中，每场都要分出胜负，每队胜 1 场得 2 分，负 1 场得 1 分。某队 10 场比赛中得到 16 分，那么这个队胜负场数分别是多少？

针对学生的解答，教师给出了如下板书：

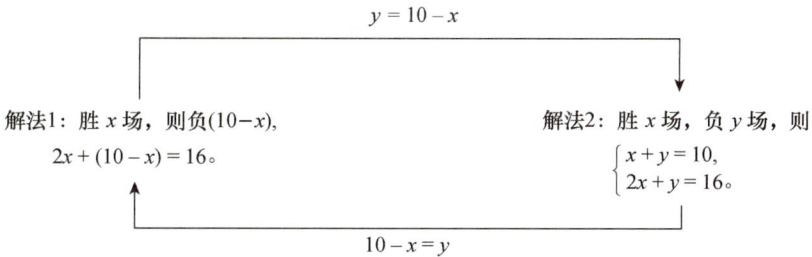

最后，教师强调了两种解法的内在联系，并给出了代入消元法的基本步骤及数学思想。

问题：

（1）该教师教学设计的优点有哪些？

（2）该教师教学设计的不足有哪些？

（3）代入消元法的基本步骤及数学思想是什么？

**解析：**

（1）该教师教学设计的优点：

① 教师引导学生复习二元一次方程的知识，以复习的方式导入课堂，再学习代入消元法解二元一次方程组，建立了新旧知识之间的联系，为学生学习新知识做好了铺垫。

② 教师用生活实例作为情境，引出课题内容，可以调动学生探究的欲望，激发学生学习的兴趣，有利于学生积极踊跃地参与到课堂中来。

③ 教师选择与篮球相关的情境,贴近学生的生活实际,使学生体会了数学与生活的密切联系。

④ 教师使用板书教学,更为直观。教师板书了一元一次方程和二元一次方程的两种解法,强调了两种解法的内在联系,通过对比,有利于学生的观察和理解,有利于学生转化思想的形成,有利于学生新的知识结构与方法的建构。

⑤ 教师引导学生复习旧知识,先呈现新例题让学生独立思考解决,在一定程度上表现出尊重学生的主体地位。

(2) 该教师教学设计的不足:

① 该教师的教学包括数学的结果,但是结果的得出太过突兀,数学结果的形成过程和数学思想方法的引出没有循序渐进,没有板书和总结代入消元法的具体步骤,不利于学生的学习。

② 教师对课程内容的选择贴近学生的生活实际,但是对内容的处理上没有引导性地让学生探索,教学的引导性不强,学生的主体地位没有完全突显出来。对于两种解法的内在联系和代入消元法的步骤,教师应该引导学生发现和总结。

③ 该教师没有注重教学活动的过程性,教学活动应该是学生积极参与、交往互动、共同发展的过程;有效的教学活动是教师教和学生学的统一,学生应该是学习的主体,教师是学习的组织者、引导者与合作者。而该案例中的教师是直接给出了答案。

(3) 代入消元法解二元一次方程组的基本步骤是:

① 从方程组中选取一个系数比较简单的方程,把其中的某一个未知数用含另一个未知数的式子表示出来。

② 把①中所得的式子代入另一个方程,消去一个未知数。

③ 解由②得到的一元一次方程,求得一个未知数的值。

④ 把所求得的一个未知数的值代入①中的方程,求出另一个未知数的值,从而确定方程组的解。

数学思想:①化未知为已知的转化思想;②把二元变成一元的消元思想。

## 案例 2.12　加减消元法解二元一次方程组

**阅读案例,并回答问题。**

案例:

"我们的小世界杯"足球赛规定:胜 1 场得 3 分,平 1 场得 1 分,负 1 场得 0 分。勇士队赛了 9 场,共得 17 分,已知这个队只负 2 场,那么胜了几场?又平了几场呢?

解:设勇士队胜了 $x$ 场,平了 $y$ 场。

根据得分的总场次所提供的等量关系得方程

$$x + y = 7,　　　　①$$

根据得分数所提供的等量关系得方程

$$3x + y = 17。　　　　②$$

由②-①得

$$2x = 10,$$
$$x = 5。$$

代入①得
$$y = 2。$$

答：勇士队胜了 5 场，平了 2 场。

问题：

这个解法步骤完整、计算准确、书写规范，可是学生问：为什么式①的得分总场次与式②的得分数能够相减？是学生在"单位"问题上钻牛角尖了吗？如果你是教师，你是回答还是不回答？是从教学上回答还是从数学上回答？

**解析：**

教师遇到学生提出此类问题，应该进行回答。

针对此处的具体问题，因为其涉及生活实际与数学模式的关系，所以教师应从数学上对其进行解释。一方面，式①和式②分别来源于得分总场次与得分数，生活实际是存在"单位"问题的。另一方面，列成方程后该问题完全舍弃了生活实际的物理性质，成为抽象的数学模式，已经没有"单位"了，也就不存在"单位"问题了。$x+y=7$ 可以去刻画任何"两者和为 7"的生活现象，而不专属于某一种生活现象。方程的加减，是根据方程的理论与方法进行的，这是数学内部的事情，与"单位"无关。最后，得出 $x=5, y=2$ 后，才又回到生活实际中，变成有"单位"的了。即足球赛的生活实际经过设未知数、进行四则运算等建模运作之后已经是数学形式的运算了，运算过程中的消元求解过程是化归思想的应用，与生活实际的具体含义无关。

## 案例 2.13  分式方程的解法(2019 年下)

**阅读案例，并回答问题。**

案例：

下面是某个学生的作业：

解方程：
$$\frac{1-x}{x-2} = \frac{1}{2-x} + 3。$$

① 移项得
$$\frac{1-x}{x-2} - \frac{1}{2-x} = 3,$$

② 通分得
$$\frac{1-x+1}{x-2} = 3,$$

③ 化简得
$$-1 = 3。$$

④ 矛盾。

学生问：原方程是不是无解？

问题：

(1) 指出该学生解此方程时出现的错误，并分析其原因。

(2) 给出上述方程的一般解法，帮助学生解除疑惑。

(3) 简述中学阶段解方程常用的数学思想方法。

**解析：**

(1) 该学生解此方程时的错误一是：解题步骤不规范，第一步不能先移项再去化简分式的分子和分母。

分式方程的解题步骤一般如下：

第一步，去分母，即在分式方程两边乘同一个含未知数的式子（最简公分母）；

第二步，移项；

第三步，合并同类项；

第四步，系数化为1；

第五步，检验。

该学生解此方程时的错误二是：在第二步到第三步过程中运用分子、分母消去公因式 $(x-2)$ 是错误的，因为忽略了 $(x-2)$ 是有可能为 0 的情况。只有确定了 $x-2\neq 0$，才可以如题那样化简。

解分式方程是初中学段学生学习的一个重点，同样也是一个难点。学生出现上述问题主要在于其运算基础不够扎实，想要直接约去分式的分子与分母，但又无法保证约去的式子不等于 0。

(2) 去分母，两边同乘 $(x-2)$ 得

$$1-x=-1+3(x-2),$$

化简得 $\qquad 1-x=-7+3x,$

移项得 $\qquad -x-3x=-7-1,$

合并同类项得 $\qquad -4x=-8,$

系数化为 1 得 $\qquad x=2。$

检验：当 $x=2$ 时，$x-2=0$，因此 $x=2$ 不是原分式方程的解。

因此，原分式方程无解。

(3) 在中学阶段解方程常用的数学思想方法有很多，主要有以下几种：

① 函数与方程的思想方法：在解方程与列方程的过程中，运用从问题的数量关系入手，应用数学语言将问题中的条件转化为数学模型，如方程、不等式等，然后通过解方程或不等式来解决问题的思想方法；

② 数学模型的思想方法：中学数学中的"列方程解应用题"就是数学模型思想方法的应用；

③ 转换化归的思想方法：在解方程的过程中的移项、合并同类项、系数化为 1 等，都体现了转换化归的思想方法；

④ 假设的思想方法：在列方程的过程中，先对题目中的已知条件或问题进行某种假设，然后根据题目中给出的已知条件进行推算，最后找到正确答案的一种思想方法。

## 案例 2.14 绝对值的几何意义

**阅读案例，并回答问题。**

案例：

下面是某学生在做一道题时的过程：

题目：点 $A$ 在数轴上表示的数是 $-1$，点 $B$ 表示的数的绝对值是 3，则线段 $AB$ 的距离是多少？

解：$AB$ 的距离 $= 3-(-1) = 4$。

问题：

(1) 该学生做题过程中哪里出错了？请你分析原因。

(2) 针对该学生的情况，请你设计一个辅导教学片断，并说明设计意图。

(3) 教师怎样防范学生出现这样的错误呢？

**解析：**

(1) 该学生在确定 $B$ 点的值时出错了。该学生出错的原因是其没有完全掌握绝对值的概念和几何意义，在数轴上绝对值是 3 的点应该有两个：3 和 $-3$。

(2) 针对该学生的情况，设计的辅导教学片断如下：

师：$B$ 点表示的数的绝对值是 3，那么它的几何意义是什么呢？

生表示疑惑。

师：是点 $B$ 到……

(教师等学生回答)

生：原点的距离等于 3。

师：很好。那么到原点的距离等于 3 的点有几个呢？

生：两个。

师：哪两个？

生：3 和 $-3$。

师：同学们太棒了！原点左右两边各有一个。那么大家想想案例中这位同学的做法正确吗？

设计意图：设计的该教学片断是为了让学生更深刻地理解绝对值的几何意义。

(3) 教师防范学生出现这样的错误的方法是：在教学绝对值时，结合数轴讲解绝对值的定义，让学生牢记绝对值的几何意义。

## 案例 2.15　变量概念的理解

**阅读案例，并回答问题。**

案例：

某教师关于变量的教学片断如下：

问题一：汽车以 60 km/h 的速度匀速行驶，行驶里程为 $s$，行驶时间为 $t$。请大家填写里程 $s$ 与时间 $t$ 的关系（如表 2.2 所示），再尝试用含 $t$ 的式子表示 $s$。

表 2.2　里程 $s$ 与时间 $t$ 的关系

| $t$/小时 | 1 | 2 | 3 | 4 | 5 |
|---|---|---|---|---|---|
| $s$/千米 |  |  |  |  |  |

师：哪位同学填好表了？

生甲：我已经填好了表格中的数据。

师：你怎么算出来的？

生甲：路程＝速度×时间。

师：那么用含 $t$ 的式子表示 $s$ 呢？

生甲：$s=60t$。

师：你从这个式子中观察到谁在变，谁没变呢？

生甲：路程 $s$，时间 $t$ 在变，速度没变。

师：路程随时间的变化而变化。

问题二：每张电影票的售价为 10 元，如果早场售出票为 150 张，日场售出票为 205 张，晚场售出票为 310 张，三场电影票的票房收入各多少元？若设一场电影售出票 $x$ 张，票房收入为 $y$ 元，怎样用含 $x$ 的式子表示 $y$？

师：这位同学你来解答一下？

生乙：早场票房收入为 $10×150=1500$（元），日场票房收入为 $10×205=2050$（元），晚场票房收入为 $10×310=3100$（元）。用含 $x$ 的式子表示 $y$，则 $y=10x$。

师：你从这个式子中观察到谁在变，谁没变呢？

生乙：$x,y$ 在变，每张电影票的售价 10 元没变。

师：票房收入随售出票数的变化而变化。

问题三：在一根弹簧的下端挂重物，改变并记录重物的质量，观察并记录弹簧长度的变化，探索它们的变化规律。如果弹簧的原长为 10 cm，每 1 kg 重物使弹簧伸长 0.5 cm，怎样用含重物质量 $x$ 的式子表示受力后的弹簧长度 $L$？

师：这位同学你来解答。

生丙：$L=10+0.5x$。

师：请问你是怎么考虑的？

生丙：每 1 kg 重物使弹簧伸长 0.5 cm，挂重物质量为 $x$ kg，受力后的弹簧增加的长度为 $0.5x$，弹簧的原长为 10 cm，所以受力后的弹簧长度为 $L=10+0.5x$。

师：非常好，那么谁在变化？

学生齐答：$x,L$ 在变。

问题四：一个奶茶店中每杯奶茶单价为 32 元，如果该奶茶店中每天所有成本为 3000 元，每天至少卖出多少杯才能盈利？若设每天卖出的奶茶数量为 $x$ 杯，利润为 $y$ 元，怎样用含 $x$ 的式子表示 $y$？

师：这位同学你来解答。

生丁：$y=32x-3000$。

师：请问你是怎么考虑的？

生丁：因为利润为奶茶店每天的营业额减去所有成本，每天的营业额为 $32x$，所有成本为 3000 元，所以利润 $y=32x-3000$。只有 $y$ 大于 0 时，奶茶店才能盈利，当 $x≥94$ 时，$y>0$，奶茶店开始盈利，因此每天至少卖出 94 杯奶茶才能盈利。

师：你真是太棒了，那么这个式子里谁是变量呢？

学生齐答：$x,y$ 都是变量，奶茶的单价没有变化，每天的所有成本没有变化。

问题五：我们若用 10 m 长的绳子围成长方形，试观察在改变长方形的长和宽的长度时，长方形的面积是怎样变化的。请大家记录不同的长方形的长和宽的值，计算相应的长方形面积，探索它们的变化规律。设长方形的一条边的边长为 $x$，面积为 $S$，怎样用含 $x$ 的式子表示 $S$？

师：这位同学你来解答。

生戊：$S=x(5-x)$。

师：请问你是怎么考虑的？

生丁：当长方形的一条边的边长为 $x$ 时，长方形的另一条边的边长为 $(5-x)$，长方形面积＝长×宽，所以长方形面积为 $S=x(5-x)$。

师：太棒了，那么谁在变化？

学生齐答：$x$，$S$ 都在变。

教师根据以上五个问题得出的关系式归纳后得到以下结论：

变量：在一个变化过程中，数值发生变化的量为变量；

常量：在一个变化过程中，数值始终不变的量为常量。

……

问题：

(1) 请简要评析该教师教学过程的不足。

(2) 如果你是该教师，会如何引导学生思考并得出变量的相关概念？

(3) 通过上述教学过程，你得到了哪些启示？在教学过程中，教师提出问题时应注意什么？

**解析：**

(1) 该教师教学过程的不足之处如下：

① 该教师未在教学过程中设计让学生自主探索、动手实验的活动，问题三、问题五的探究均具备良好的让学生自主探索、动手实验的条件。

② 该教师采用的问答式的讲课方式，未体现以学生为主体，不能让学生真正掌握相关知识，学生的思维能力不能得到有效的发展。案例中，教师应该让学生自主地去观察现象、提出问题、总结规律，而不是只让个别的学生来回答，甚至教师自己回答。

③ 该教师在教学过程中，给学生进行思考的时间不充分，学生的思维能力不能得到有效发展。教师应该给学生一定的思考时间和思维空间，不能只是让学生跟着教师的思路走。

(2) 如果我是案例中的教师，会采用以下方式引导学生：

① 针对问题一和问题二，因为学生已经有一定的知识基础，教师可以先呈现问题，让学生独立思考，然后教师提问："根据自己的解题过程，大家有什么发现？可以归纳一下吗？"学生归纳时，教师可以作一些提示，最后让学生进行总结。

② 针对问题三，部分学生理解起来会有一定的难度。教师采用实物演示的方法能够有助于学生进行理解。在条件允许的前提下，教师可以将班级分为小组，以小组为单位开展实验，学生在教师的指导下改变重物的质量，观察弹簧长度的变化，并将重物的质量和弹簧的长度用表格记录下来。学生在实验的基础上，分析数据，能够自主发现受力后的弹簧长度与重物的质量关系为 $L=10+0.5x$。学生发现规律后，教师可以提问："在问

题三中同学们还有其他发现吗?"该提问重在引导学生理解由于弹簧的受力是有限度的,重物的质量 $x$ 应该有范围限制。

③ 有了问题三的探索过程作为基础,针对问题四、问题五,教师可以让学生以小组为单位,分工合作并独立完成,得到数量关系。

④ 教师可以尝试让学生利用已有的知识编写一道习题,加强对变量概念的理解。

(3) 通过案例中的教学过程,我得到的启示有:数学教学是数学活动的教学,是师生之间、学生之间交往互动、共同发展的过程,教师应该从学生的实际情况出发,创设有助于学生自主学习的问题情境,引导其在学习的过程中发现问题、提出问题、解决问题。

在教学过程中,教师给学生提出问题时应该注意以下方面:教师提出问题要给学生足够的思考时间,这样才能有效保证发展学生的思维;教师提出问题时要明确要求,对学生的回答进行指导;教师应以学生为主体,让学生在学习的过程中能够自主发现问题、提出问题、解决问题。

## 案例 2.16  解不等式

**阅读案例,并回答问题。**

案例:

某学生求解 $x$ 的不等式 $m^2x-m<4x+2$,作出如下解答:

解:因为 $$m^2x-m<4x+2,$$

所以 $$(m^2-4)x<m+2,$$

所以 $$x<\frac{m+2}{m^2-4},$$

即 $$x<\frac{1}{m-2}。$$

问题:

(1) 找出该学生解答过程中的错误之处。

(2) 求解关于 $x$ 的不等式 $m^2x-m<4x+2$。

(3) 指出本案例中蕴含的数学学科核心素养。

**解析:**

(1) 该学生错误之处是对 $m^2x-m<4x+2$ 移项后,没有考虑 $(m^2-4)$ 的正负符号问题,以及是否为 0 的问题,忽略了不等式两边同时除以一个负数,不等式符号改变方向这一情况。

(2) 解:因为 $m^2x-m<4x+2$,

所以 $(m^2-4)x<m+2$,

当 $(m^2-4)>0$,即 $m>2$ 或 $m<-2$ 时,$x<\frac{m+2}{m^2-4}$,即 $x<\frac{1}{m-2}$;

当 $(m^2-4)<0$,即 $-2<m<2$ 时,$x>\frac{m+2}{m^2-4}$,即 $x>\frac{1}{m-2}$;

当 $m=2$ 时，$m^2x-m<4x+2$ 恒成立，即 $x \in \mathbf{R}$；

当 $m=-2$ 时，$m^2x-m<4x+2$ 恒不成立。

（3）本案例中主要蕴含的是数学抽象与数学运算的核心素养。数学抽象是数学的基本思想，是形成理性思维的重要基础，在数学抽象核心素养的形成过程中，学生积累从具体到抽象的活动经验，能更好地理解数学概念、命题、方法与体系；数学运算是指在明晰运算对象的基础上，依据运算法则解决数学问题的过程，主要包括理解运算对象，掌握运算法则，探究运算方向，选择运算方法，设计运算程序，求得运算结果等。

## 案例 2.17　二次根式的性质

**阅读案例，并回答问题。**

案例：

某教师在进行二次根式的教学时，给学生出了如下一道练习题：

已知方程 $x^2+3x+1=0$ 的两根分别为 $\alpha$，$\beta$，求 $\sqrt{\dfrac{\alpha}{\beta}}+\sqrt{\dfrac{\beta}{\alpha}}$ 的值。

某学生的解答过程如下：

解：因为 $\Delta=3^2-4\times1\times1=5>0$，由一元二次方程根与系数的关系，得 $\alpha+\beta=-3$，$\alpha\beta=1$，

故

$$\sqrt{\dfrac{\alpha}{\beta}}+\sqrt{\dfrac{\beta}{\alpha}}=\dfrac{\sqrt{\alpha}}{\sqrt{\beta}}+\dfrac{\sqrt{\beta}}{\sqrt{\alpha}}=\dfrac{\alpha+\beta}{\sqrt{\alpha\beta}}=\dfrac{-3}{1}=-3。$$

问题：

（1）指出该生解题过程中的错误，分析其错误原因。

（2）给出你的正确解答。

（3）指出你解题所运用的数学思想方法。

**解析：**

（1）解答本题时，学生忽略了二次根式的除法法则 $\sqrt{\dfrac{a}{b}}=\dfrac{\sqrt{a}}{\sqrt{b}}$ 成立的条件是 $a \geqslant 0$，$b>0$，从而导致错误。事实上，由于 $\alpha\beta=1$，知 $\alpha$，$\beta$ 这两个根式是同正或同负的。又由于 $\alpha+\beta=-3$，可知 $\alpha<0$，且 $\beta<0$，故 $\sqrt{\dfrac{\alpha}{\beta}} \neq \dfrac{\sqrt{\alpha}}{\sqrt{\beta}}$，同样 $\sqrt{\dfrac{\beta}{\alpha}} \neq \dfrac{\sqrt{\beta}}{\sqrt{\alpha}}$。

（2）正确解答：$\sqrt{\dfrac{\alpha}{\beta}}+\sqrt{\dfrac{\beta}{\alpha}}=\dfrac{\sqrt{\alpha\beta}}{|\beta|}+\dfrac{\sqrt{\alpha\beta}}{|\alpha|}=-\dfrac{\sqrt{\alpha\beta}}{\beta}-\dfrac{\sqrt{\alpha\beta}}{\alpha}=-\sqrt{\alpha\beta}\cdot\dfrac{\alpha+\beta}{\alpha\beta}=3$。

（3）解题所运用的是化归思想。

**【本章小结】**

本章主要列举了 17 个较为典型的数与代数主题的案例，并进行了详细的案例诊断分析，以期帮助学生更好地理解数与代数作为初中数学中最为基本的数学学习内容在解

决实际问题中发挥的重要作用。本章的重点是加深学生对数感、符号意识、数学建模、数学运算和逻辑推理等核心概念的理解。

【本章要点回顾】

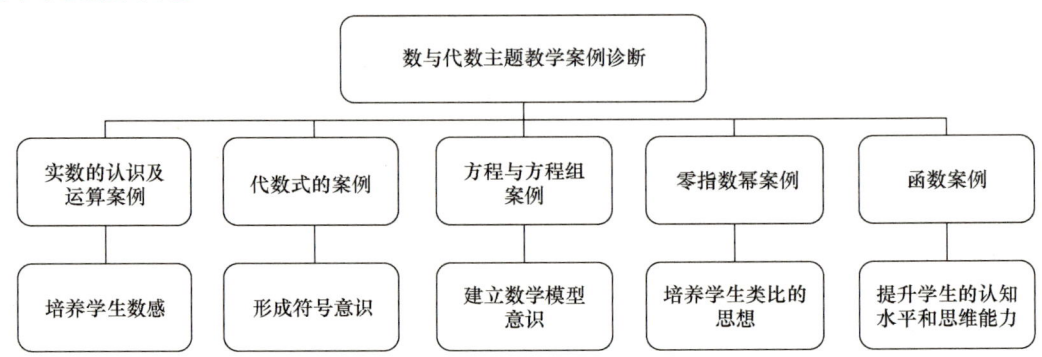

# 第三章

## 图形与几何内容的教学特点和案例诊断

### 👉 学习目标

- ◎ 能够明确图形的性质和几何证明的基础,并进行推理证明。
- ◎ 能够理解图形的变化,培养空间观念。
- ◎ 能够以图形与坐标为载体,发展学生数形结合能力。

### 👉 教学提示

教师在教授本章内容时,要充分体现"学生是学习的主体"的教育理念,将学生学习的视野拓宽到生活空间中,强调几何知识与现实世界的联系,注重使学生经历观察、操作、推理、想象等过程,让学生在自主探索、合作交流的过程中更好地认识、理解自己赖以生存的空间,使学生的空间观念得到加强;培养学生的演绎推理能力,也注重培养学生的合情推理能力,使学生的推理能力得到全面的发展。

### 👉 学习导引

在初中学段的图形与几何中,学生将探索基本图形(直线形、圆)的基本性质及其相互关系,进一步丰富对空间图形的认识和感受,学习平移、旋转、对称的基本性质,欣赏并体验图形变换在现实生活中的广泛应用,学习运用坐标系确定物体位置的方法,发展空间观念。在学习过程中,学生将体验到所学内容与现实生活的联系,经历观察、操作、推理、想象等探索过程,理解证明的必要性及基本过程,掌握综合法证明的格式,初步感受公理化思想。

# 第一节　图形与几何内容的教学特点

对于图形与几何的教学,教师可以把握具有共性的地方,图形与几何内容的教学应该具备以下几个特点。

## 一、直观性特点

一般来说,直观性是指借用直观形象,在具体事物和抽象的事物之间建立联系,以实现从"生动的直观"向"抽象思维"的转变,其意图在于降低抽象事物(知识)的学习难度,便于学生理解、接受、掌握和运用。这里的直观性特点强调在图形与几何领域的教学中,教师充分利用各种手段(包括语言描述、实物展示和课件模拟演示),让学生直观感知地进行学习。这不仅能让学生易于接受难度较大的抽象知识,形成抽象思维能力,也能培养学的几何直观能力、动手操作能力和合情推理能力。在图形与几何领域的课堂教学中,教师应运用直观性特点,调动学生学习数学的积极性,培养学生的学习兴趣,以达到教育教学目标。在教学过程中，教师可以用以下方式运用直观性特点：

（1）在教学过程中充分调动学生感觉器官的作用，发展其观察能力、分析能力以及抽象思维能力。心理学的研究表明，几何概念形成的复杂心理过程一般是：感觉—知觉—表象—概念，教学具备直观性特点能促进这一过程的发展，帮助学生概括和抽象出所要形成的概念的本质性特征。

（2）合理地选择和运用直观性，以便帮助学生发现、理解并掌握几何理论。对于与日常生活有关的简单问题，教师可用语言直观地表述出来；对于较抽象难以理解的几何知识，教师让学生直观地感知实物或模型会事半功倍。直观的感知能从不同的感觉渠道同时往大脑输送信息，使信息相互强化，从而有利于学生对抽象结论进行理解与掌握。

（3）注意直观对象的特点及重要影响。一般来说，教师在教学中运用直观性特点的方式有三大类：一是实物直观。通过实物直观，教师可以使学生获得对实际事物的感觉、知觉，激发学生的学习兴趣和求知欲望，调动学生学习的积极性。但这种方式也有局限性，往往难以突出事物的本质特征，有时在实际中难以实施。二是模像直观。即对实际事物的各种模拟品进行感知，模拟品如模型、录像等，它们与实际事物有一定差距，但对学生感性认识的形成有促进的作用。模像直观的缺点是有些实物难以用模拟品表示，且还受物质条件的限制。三是语言直观。教师通过形象化的语言，使学生在大脑中引起记忆表象，进而认识和学习抽象的知识。

（4）注意过程的演示，必要时让学生自己动手操作。教师通过具体的演示过程，加深学生对概念的理解，提高学生的观察能力，提高学生动手操作的能力。教师利用具体的演示过程的直观性，可以达到很好的教学效果。

## 二、现实性特点

在教学实践中，教师会遇到有不少的学生数与代数等内容学得很好，但是一碰到图形与几何的问题就束手无策的情况。这类学生出现这些问题的主要原因是他们的几何直观能力、动手操作能力、空间观念欠缺。因此，教师在教学时一定要重视学生的现实生活经验，教学要结合学生的现实生活经验。

教育心理学研究表明，学生的数学学习过程是建立在已有的知识基础和生活经验之上的主动建构过程。原有的知识储备、在现实活动中的经验积淀以及在社会生活中所形成的许多朴素认识，都构成了学生进行数学学习的现实。因此，教师教学应该从学生的数学学习的现实出发，即遵循现实性原则。所谓现实性是指把课堂"搬"到学生居住、活动的地方去。比如，在教学"梯形"一节时，情境引入的例子需要是学生生活中出现的，给农村的学生以小轿车的挡风玻璃、台灯的灯罩为例子，不如换成水库的梯形堤坝、有些房子的房顶等。

在教学过程中，教师可以用以下方式运用现实性特点：

（1）直接融入现实生活。例如，在教授比例的有关知识时，要解答用比例去测量灯塔的高的问题，教师可以把学生带到有灯塔的某个地方，让学生自己想办法去量一量、算一算，确定灯塔到底有多高，从中体会比例在现实生活中的运用。

（2）创设情境。利用学生的生活经验，教师可以精心营造一个学生熟悉的空间，让学生在这个熟悉的空间中，发现数学问题，探究数学规律。教师精心设计的模拟性实践活动,可以引导学生解决现实生活中的数学问题。

(3) 收集生活中图形与几何相关的信息和问题。教师引导学生在课堂之外,从生活中收集图形与几何的信息和问题。例如,让学生用近期所学的数学知识来解答周围生活中的某些问题等,学生就会经历从现实生活中抽象出图形、建立几何模型的过程,体验图形与现实生活的密切联系。

### 三、过程性特点

所谓过程性特点,就是教师通过富有启发性的日常现象或几何模型、问题情境、实验猜测,让学生经历观察、实验、操作、猜测、计算、推理、验证等活动,在独立思考、自主探索、合作交流、师生、生生互动生成新思想的活动中感知图形与几何的意义,初步体验数和形的联系,发展空间观念,同时学会学习。

过程性是课程标准大力倡导的,如《义务教育数学课程标准》(2011年版)指出:"学生学习应当是一个生动活泼的、主动的和富有个性的过程。"又如,《义务教育数学课程标准》(2011年版)有关图形与几何的具体课程内容中,大量使用了"探索……""通过观察、操作……""经历……""在实践活动中……"等句型,这也反映了教师教学图形与几何内容时把握过程性特点的必要性。因此,教师在进行图形与几何教学实施时,务必要注意过程性特点,使教学活动变成一个在教师的引导下,学生主动进行观察、实验、操作、自主探索、合情推理的、富有个性的过程。

图形与几何在联系现实世界、构建直观模型方面,具有其他数学分支或其他学科不可比拟的过程性优势。无论是对周围环境、实物和模型的观察、测量,还是关于作图、实验的操作,都需要学生亲身参与、亲手实践。例如在课堂上,教师引导学生结合日常生活,通过观察、实验、操作等形成对图形的直观体验,从而掌握有关测量的知识和方法,体验有关图形变换、确定位置的方法;同时,教师在解释、应用与拓展的过程中可以让学生对相关知识加以强化,并与其他知识建立联系等。

教师运用过程性特点的关键在于把握好以下几点:(1) 尽量避免过分强调几何结论,一般不要轻易给出结论;(2) 注意引导学生独立思考;(3) 留给学生充足的时间。

### 四、多样性特点

从课程内容来看,图形与几何不仅包括推理论证和相关的计算等内容,也包括直观感知、操作实践及由此发展起来的几何直观、学习情感等。教师对图形与几何的教学,不仅要有效地发展学生的逻辑推理能力,而且要充分发展学生的直观演绎能力、合情推理能力;让学生感受数学的思想方法,体验数学学习的乐趣,逐步积累经验,发展空间观念和自主创新的意识;学生是学习的主体,由于他们的性格、志趣、爱好、学习水平、经验积累、文化背景等各不相同,所以他们的学习倾向、探究活动的过程与结果也会千差万别。因此,多样的课程目标、学习主体多样化的要求,决定了图形与几何的教学应该是多样性的,这就是所谓的教学的多样性特点。那么,教师如何实现图形与几何教学实施的多样性呢?

#### 1. 突出教学目标要求的多样性

教学目标要求的多样性决定了教学的多样性。教学目标要求的多样性有两个层面的含义,首先,教学目标要求是知识、能力与情感的有机统一。教学目标的设计不仅要关注学生的基础知识、基本技能,也要关注学生在观察、实验、操作等学习过程中的体验、情感和态度。其次,教学目标要求教师应关注学生的差异性。因为不同发展阶段的学生在认知水平、认知风格和发展趋势上存在着差异,即使是处于同一发展阶段的不同学生,在认知水平、认知风格和发展趋势上也存在着差异。

教学目标的设计应该是多维度、立体式的,不能搞"一刀切""程式化",教学目标的实施策略也是灵活多样的。教学中,学生的反应随时影响着教学目标的实施,学生还在饶有兴趣地讨论解决问题的多种方式时,如果教师强行让他们停下来思考下一个问题,则忽视了学生的情感,这种方式的教学是低效的。如果学生中再没有不同意见了,而教师还在苦苦地等待某种新思路的出现,那也是不明智的。教师放大探索过程,某一次"挤占"了一些时间,是可以通过以后课堂时间的调整来弥补的。教师单一地去追求某一方面的目标落实是不经济、不科学的,因为教学目标对于同一知识,是允许学生有不同的理解、不同的表述的;对于同一问题,是允许学生有不同的求解思路,甚至有不同的结论的。在全体学生获得必要发展的前提下,不同的学生都获得了成功的体验,这种教学方式才是应该提倡的。

### 2. 充分利用多样性的教学素材

丰富多彩的现实世界是学生学习图形与几何的源泉,现实世界中不仅包括平面图形,还包括大量的立体图形。现实世界中的教学素材有较大的选择空间,可以使教学实施形式多样化。

教师可以从学生的现实生活与日常经验出发,设置贴近生活实际的情境,通过多姿多彩的图形,把图形与几何的学习过程变成有趣的、充满想象和富有推理的活动。让学生在探索这些现实的问题时认识图形与几何,探索图形变化的规律,了解学习图形与几何的价值。根据地域、学生经验的区别,教师可以选用不同的教学素材和实现形式,只要能体现图形与几何的知识内涵,能引导学生经历一个从现实到数学的数学化过程,能促使学生在对空间的把握、图形的探索、立体图形与平面图形的转化中发展空间观念,能促进学生运用自己的方式表达对图形与几何的理解,做到对知识的多样性特点进行很好把握就可以了。

### 3. 恰当运用多样的教学方式和手段

广大一线教师在长期的教学实践中,积累了许多有关几何知识教学的宝贵经验,他们采用的教学方式、使用的媒体手段,对图形与几何的教学都很有意义。

首先,教师教学要突出运用多种活动方式来探索图形的形式、图形的运动、图形的测量、图形的位置等,使学生体验更多的刻画现实世界和认识图形的角度,让演绎推理与合情推理促进学生思维的发展。这里要特别强调动手操作的重要性。学生通过折一折、剪一剪、拼一拼、画一画、量一量、分一分,甚至独立进行设计等活动,加深对图形多方面特点的亲身感受,这不仅为学生研究图形的特征奠定了基础,同时也积累了数学活动经验,发展了空间观念。所以有人说"做"比"看"的感悟要多得多。

其次,教师教学要注意发挥现代信息技术,特别是计算机技术,在图形变换、分解、运动以及建立几何模型等方面的优势。教师实施多样性原则就要充分利用现代信息技术为学生创造探究图形的特征和关系的丰富情境,把学生从烦琐重复的劳动中解放出来,让他们进行有意义的探索、开展实践活动。

## 五、人文性特点

《义务教育数学课程标准》(2011年版)将传统几何拓展为图形与几何,把图形与几何的文化内涵与文化价值提到了前所未有高度,明确要求教师在教学中要给予学生更多的人文关怀。因此,在进行图形与几何的教学实施中,教师要把握人文性特点,以全面实现图形与几何的教育价值。

教师教学中人文性特点的实施主要体现在以下几个方面:

### 1. 数学文化方面

图形与几何有着丰富的历史渊源和深厚的文化背景。在教学过程中,教师要通过一些数学史实(比如,圆周率、勾股定理等史料),让学生了解图形与几何丰富的历史渊源,了解图形与几何对社会发展的推动作用,了解图形与几何和人类生活的密切关系,从而加深对图形与几何知识的理解。初中学段中的公理化的思想方法也是重要的数学文化内容。

### 2. 图形直观的审美价值方面

图形是人们理解自然与社会、感受美的绝妙工具,特别是随着计算机制图和成像技术的发展,图形更是运用到人类生活和社会发展的各个角落,为人类带来了无穷无尽的美的享受。在图形与几何教学中,教师要让学生在欣赏美妙的生活图景和设计各式各样的几何图形的过程中感受美,进而创造美。例如,教师引导学生从一个或几个简单的图形出发,利用对称、平移和旋转制作一个美丽的图案,这就是一个综合运用对称、平移和旋转知识进行创造的过程。

### 3. 对学生的人文关怀方面

首先,教师要把学生当作充满感情、有思想、有个性的人来教育,尊重他们,尊重他们的差异,尊重他们的选择,尊重他们的个性思想。其次,教师要相信学生,相信学生有自己的价值判断能力和无穷的创造力,相信学生的情感体验是真实的,相信学生的审美感受是丰富多彩的。最后,在整个教学过程中,教师要倾听学生的心声,欣赏学生个性化的言行,发现学生身上的闪光点。

## 六、活动性特点

活动性特点的提出是基于图形与几何领域的有关知识与学生的日常生活联系比较紧密,且初中学段的学生好奇心强。通过运用活动性特点,教师不仅可以充分调动学生的学习积极性,满足其好奇心,而且可以更有利于学生掌握该领域的知识。

所谓活动性特点,是指改变传统数学课堂的单一形式,把数学课堂活动化,使学生在活动中自主探索、合作交流,通过活动来学习数学,体验观察、测量、计算、实验、猜想等具体操作过程,体会数学的价值。它不仅能使学生学习图形与几何的有关知识,而且还能学到一些书本上学不到的知识,这样的课堂在初中数学课程实施中尤其值得提倡。教师在教学中实施活动性特点可以从以下几个方面进行:

(1)应注意确定明确的目标,发挥教师的引导者作用。目标是行动的指南,有了明确的活动目标,不仅便于学生开展活动,而且有利于教师调控活动。教师应注意引导学生有效地开展活动,适时指导,提出建议,保证活动的顺利进行,以达到预期效果。

(2)应注意严密组织,周密安排,发挥教师的组织者作用。高效的活动组织要求教师及时提出多种组织策略及建议,让学生根据情况灵活选择,这是活动达到预期效果的有效保障。

(3)应注意参与到学生的活动中去,和学生合作,发挥教师的参与者和合作者作用。教师作为活动中平等而特殊的一员,及时参与学生的某些问题的讨论和解决,与学生一起参加活动,有利于达到活动的预期目标,保证活动的有效性。

# 第二节　图形与几何内容教学案例诊断

## 案例 3.1　相似三角形的判定(2014 年下)

**阅读案例,并回答问题。**

案例:

在相似三角形的判定的复习课上,甲、乙两位教师分别设计了以下教学片断。

【教师甲】

问题引入:如图 3.1 所示,在△ABC 中,D,E 分别是 AB,AC 上的两个点,请你另添加一个条件,使△ABC∽△ADE,并说明添加条件的理由。

教师甲预设学生回答:

(1) 添加一个条件,∠ADE=∠B;

(2) 添加一个条件,∠AED=∠C;

(3) 添加一个条件,$\dfrac{AD}{AB}=\dfrac{AE}{AC}$;

(4) 添加一个条件,DE∥BC。

学生依次说出判定方法和理由。

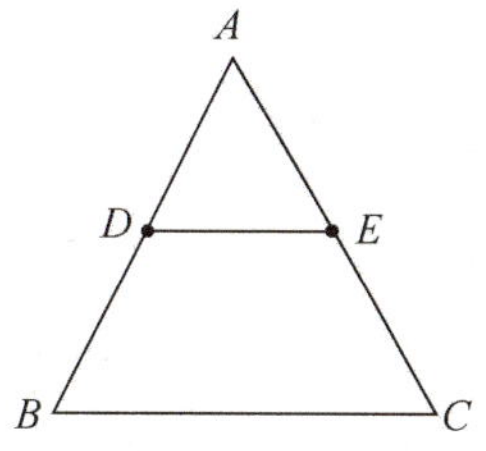

**图 3.1**

【教师乙】

教师乙提问:判定三角形相似有哪些方法?

教师乙预设学生回答:

(1) 两角分别相等的两个三角形相似;

(2) 两边成比例且夹角相等的两个三角形相似;

(3) 三边成比例的两个三角形相似。

问题:

针对上述材料,完成下列任务。

(1) 请分别对两位教师设计的教学片断进行评价,并简述理由。

(2) 为了进一步巩固三角形相似的判定定理,请设计开放性的例题和习题各一道,并简述理由。

(3) 简述数学教学中例题和习题设计的注意事项。

**解析：**

(1) 两位教师的教学片断均属于课堂提问的类型。教师甲是应用提问，这种提问的目的是了解学生能否在理解新知识的基础上应用新知识和旧知识来解决问题。而教师乙采用的是复习、回忆提问，通过复习、回忆提问，使新旧知识连贯起来，强化了学生所学的知识，还能检查学生对旧知识的掌握情况。

(2) 例题：如图3.2所示，在△ABC中，点D，点E分别在AB，AC边上，连接DE并延长，交BC的延长线于点F，连接DC，BE，其中∠BDE+∠BCE=180°。

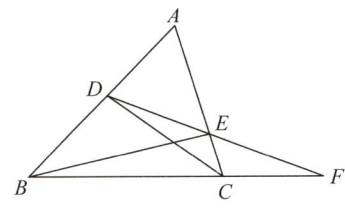

图3.2

① 写出图中三对相似三角形（注意：不得加字母和线）。
② 请在你所找出的相似三角形中选取一对，说明它们相似的理由。

习题：如图3.3所示，已知格点△ABC，请在图3.4中分别画出与△ABC相似的格点△$A_1B_1C_1$和格点△$A_2B_2C_2$，并使△$A_1B_1C_1$和△ABC的相似比等于2，而△$A_2B_2C_2$和△ABC的相似比等于$\sqrt{5}$（说明：顶点都在网格线交点处的三角形叫作格点三角形。提示：请在画出的三角形的顶点处标上相应的字母）。

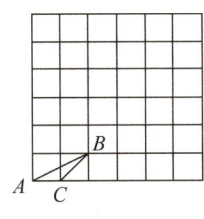 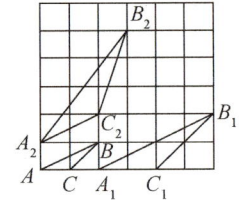

图3.3　　　　　　　　　图3.4

理由：两道题目的设计具有梯度，难度逐渐增加，例题能使学生在教师的引导下充分巩固三角形相似的性质，习题的设置具有开放性，教师能够充分发挥学生的创造力，调动学生主动思考的积极性。

(3) 数学教学中，教师设计的例题应具有目的性、典型性、启发性、科学性、变通性和有序性。具体来说，教师要从学习目标和学习任务出发精选例题；要根据学生的学情进行例题的选配和安排，学生学习新知识必须建立在已有知识的基础之上。具有提炼性的习题是数学课堂教学的一个重要组成部分，这不仅有助于学生对知识的理解，巩固形成熟练的技能技巧，而且对学生智力发展和能力提高起着重要的作用，所以教师设计的习题应具有目的性，要有层次、多样化、便于反馈。

## 案例 3.2　等边三角形的性质(2015 年上)

**阅读案例，并回答问题。**

案例：
以下是两位教师关于"等边三角形"课程的教学过程。

【教师甲】
(1) 复习等腰三角形的性质及判定方法。
教师甲提问、学生思考：边有什么性质及判定方法？角有什么性质及判定方法？对称性呢？
(2) 等边三角形性质的教学。
教师甲提问、学生思考：
① 什么样的三角形叫等边三角形？
② 等边三角形的 3 个内角都相等吗？
③ 等边三角形是轴对称图形吗？
(3) 等边三角形判定的教学。
师：哪位同学说说我们应该从什么角度来考虑等边三角形的判定方法？
生：从角和边来考虑。（教师希望的答案是从边和角来考虑）
师：那你能说一下等边三角形有怎样的判定方法吗？
生：从角来说，我认为三个内角都是 60°的三角形是等边三角形。（学生的回答在教师的预设之外，打乱了 PPT 的播放顺序）
师：关于边的研究比较简单，我们还是从边开始探讨吧。
生：好。（学生没有异议，跟着教师的要求回答问题，继续学习）

【教师乙】
(1) 复习引入。
① 理解等腰三角形的定义、性质。
② 观察生活中的等边三角形，引出课题。
(2) 新课教学。
① 等边三角形有什么性质？（PPT 显示，可以从边、角、对称性来考虑）
设计活动 1：学生拿出课前准备的等边三角形纸片，认真折叠并观察，小组合作，互相探讨，选择一个小组为代表发表本组的观点，其他小组补充，最后一起归纳总结。
② 等边三角形的判定方法有哪些？设计开放性提问。（PPT 显示）
你认为怎样才能说明三角形是等边三角形？等腰三角形怎样变化才能成为等边三角形？
设计活动 2：小组合作，互相探讨。教师乙操作几何画板，学生也上台操作几何画板，观察等腰三角形满足什么条件后成为等边三角形。学生积极主动地参与课堂学习，能够在折纸操作后很快地说出等边三角形的性质和判定方法，通过操作几何画板形象地展现变化过程。新知识的获得和掌握很快，水到渠成，最后教师乙和学生一起归纳总结。

请从下列三个方面对教师甲和教师乙的教学过程进行评价：
(1) 引入的特点。
(2) 教师的教学方式。
(3) 学生的学习方式。

**解析：**

(1) 教师甲的引入存在优点也存在缺点。优点是教师甲在本节课一开始就复习了上节课的内容，巩固了旧知识；缺点是没有进行新旧知识间的衔接过渡，没有达到降低学生学习新知识难度的目的。

教师乙的引入存在优点也存在缺点。优点是教师乙在本节课一开始复习了上节课的内容，巩固了旧知识，并联系生活实际让学生观察等边三角形的特点，降低了学生对新知识的认知难度。但是在巩固旧知识时，教师乙并没有合理地进行新旧知识之间的衔接过渡，使学生对等边三角形与等腰三角形之间的关系没有初步的感官认识。

(2) 教师甲的教学方法存在优点也存在缺点，在教学开始时，教师甲开门见山地介绍本节课题，抛出问题：① 什么样的三角形叫等边三角形？② 等边三角形的三个内角都相等吗？③ 等边三角形是轴对称图形吗？以此引起学生的有意注意，使学生迅速进入学习状态，对本节内容的基本框架有了大致了解。缺点是教师甲没有进行合理的情境创设，而是将知识全盘塞给学生，忽视了让学生经历发现问题、提出问题进而解决问题的过程，这样无法激发学生学习新知识的兴趣，学生只能机械地配合教师的教学。在进行等边三角形判定的教学过程中，教师甲没有做好充分的课前准备，没有充分预设学生在课堂中提出的各种问题，面对突发情况，采取回避方式来应对，这不符合课程标准中对教师的要求。这样的教学方式限制了学生思维，扼杀了学生探求真理的欲望，不利于学生的成长。

教师乙的教学方法存在优点也存在缺点。优点是这种教学方式充分发挥了学生的主动性，其中动手操作、小组合作探究、开放性问题等环节的设置，激发了学生开动脑筋、自主探究的兴趣，调动了学生参与到课堂教学活动的积极性。缺点在于教师乙设计的"等边三角形有什么性质？"这一开放性问题并不能充分体现"等边三角形"课程的核心内容，从对等腰三角形性质的探究迁移到对等边三角形性质的探究没有新旧知识的衔接，教师乙的教学方法对第二个开放性问题的解决形成了一定的阻碍。

(3) 教师甲的学生在学习过程中，只是在机械地配合教师的提问，完成本节课的教学。教师甲在日常教学过程中没有注重培养学生善于思考、提出问题、发现问题、解决问题的良好习惯，这导致了学生学习的积极性不高，对学习内容存在疑问也不会及时提出。

教师乙的学生在学习过程中，动手操作能力、合作探究意识均很强，学习积极性高，对学习过程中存在的疑问能够及时提出，并善于通过自主探究和合作交流来解决问题。

## 案例3.3 正方形的性质理解（2017年上）

**阅读案例，并回答问题。**

**案例：**

为了帮助学生理解正方形的概念、性质，发展学生推理能力、几何直观能力等，一节习题课上,教师甲和教师乙各设计了一道典型例题。

【教师甲】

如图 3.5 所示,在边长为 $a$ 的正方形 $ABCD$ 中,$E$ 为 $AD$ 边上的一点(不同于 $A,D$),连接 $CE$。在该正方形边上选取点 $F$,连接 $DF$,使 $DF=CE$。请解答下面的问题:

(1) 满足条件的线段 $DF$ 有几条?

(2) 根据(1)的结论,分别判断 $DF$ 与 $CE$ 的位置关系,并加以证明。

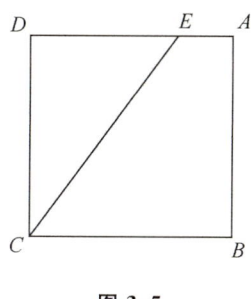

图 3.5

【教师乙】

如图 3.6 所示,在边长为 $a$ 的正方形 $ABCD$ 中,$E,F$ 分别为 $AD,AB$ 边上的点(点 $E$,点 $F$ 均不与正方形顶点重合),且 $AE=BF$,$CE$ 与 $DF$ 相交于点 $M$。证明:

(1) $DF=CE$;

(2) $DF \perp CE$。

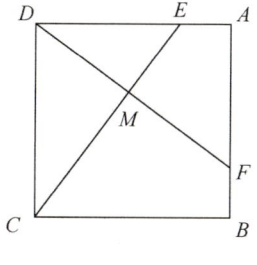

图 3.6

问题:

(1) 分析两位教师例题设计的各自特点。

(2) 直接写出教师甲的例题中两个问题的结论(不必证明)。

(3) 结合两位教师设计的例题,你还能启发学生提出哪些数学问题(请写出至少两个问题)。

**解析:**

(1) 教师甲设计的典型例题具有开放性,引导学生思考,符合课程标准要"关注学生的个体差异,有效地实施有差异的教学,使每个学生都得到充分发展"的要求,因此,在习题课上教师甲设计开放性的例题,可以满足不同学生的学习需求,能具有探索性,学生不仅能主动地获取知识,而且能不断丰富数学活动经验,学会探索,学会学习。

教师乙设计的典型例题具有层次性,递进式的呈现,满足学生多样化的学习需求。设计的例题由易到难,循序渐进,一步步引导学生将问题深化,发展思维能力。

(2) 满足条件的线段 DF 有两条:当 F 在 BC 边上时,DF 与 CE 相交;当 F 在 AB 边上时,$DF \perp CE$。

证明:四边形 ABCD 是正方形,当 F 在 AB 边上时,

因为 $AD = CD$, $\angle CDE = \angle DAF$, $DF = CE$,

所以 $\triangle ADF \cong \triangle DCE$,

所以 $\angle DCE + \angle CDF = 90°$, $\angle ADF + \angle CED = 90°$,

即 $DF \perp CE$。

(3)【问题 1】教师甲的问题:在边长为 a 的正方形 ABCD 中,E 为线段 AD 边延长线上一点,连 CE,该正方形边的延长线上选取点 F,连接 DF,使 DF=CE,请解答下面的问题。

① 满足条件的线段 DF 有几条?

② 根据①的结论,分别判断 DF 与 CE 的位置关系,并加以证明。

【问题 2】教师乙的问题:如果 E、F 分别为 AD、AB 边延长线上的点,则 DF=CE 与 $DF \perp CE$ 是否成立?

## 案例 3.4 相似三角形与三角函数运用

**阅读案例,并回答问题。**

案例:

全体学生分成三个小组,各小组选定不同的测量目标,分别讨论测量和计算的方法,进行实际测量,并依据测量的结果进行计算。

各小组讨论、制定了测量和计算的方法以后,写出测量报告。教师分别对各小组的测量报告进行审阅,提出修改或完善的意见,交还给各小组。各小组再进行实际测量,计算出测量结果以后,写上小组全体成员名字,一份测量高度的实验报告就算完成了。各小组选派一名或两名学生向全体学生汇报测量的依据、测量的过程和计算的结果,全班进行评比。

【第一小组汇报】

我们是利用课本上测量金字塔阴影的方法来测量旗杆的高度。我们的步骤是:

(1) 先画出测量计划的简图(如图 3.7 所示)。

(2) 测量出标杆的高度、影长,旗杆的影长。

(3) 利用三角形相似关系,计算出旗杆的高度。

下午 3 点钟,我们拿着皮尺测量学生甲的身高为 1.56 米,作为标杆的长度,用 DE 表示,学生甲的影长为 0.98 米,用 EF 表示,作为标杆的影长,并量得旗杆的影长 CA=12.3 米,代入公式,求出旗杆的高度。我们测量了三次,求得旗杆高度的平均值为 19.5 米。

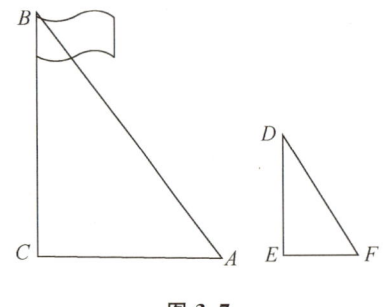

图 3.7

教师评价：利用测量金字塔阴影的方法来求建筑物的高度，方法简单，便于操作，而且很实用，但太依赖于环境、当时的光线等条件，如果当时是阴天或下雨天，我们将无法进行测量。

【第二小组汇报】
我们是利用三角函数的知识进行测量。前面的过程同第一小组基本相同，我们是要测量建筑物的高度。画出简图如图 3.8 所示，要求出建筑物 CD 的高度，我们可以量出水平距离 CA 的长度和角 α，以及经纬仪的高度，即 AB 的高度。

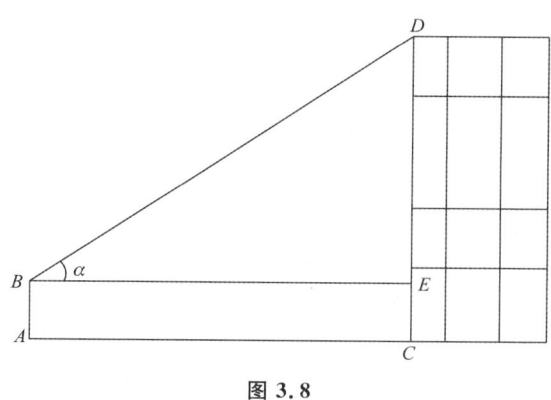

图 3.8

我们的步骤是：
(1) 将经纬仪展开，调平，使气泡居中；
(2) 调整仰视角度与水平角度得到角 α 的大小；
(3) 用皮尺测量出 CA 的长度与 AB 的高度，代入公式进行计算，经过三次计算，求得建筑物 CD 的高度的平均值为 26.9 米。

教师评价：前面两组同学用相似三角形和三角函数的知识进行高度的测量，他们的方法是在地质探测、探矿和建筑中经常使用的测量方法，特点是简便、易操作，但这两种方法都只适合在地面上进行。

【第三小组汇报】
我们组是利用解直角三角形的方法，在甲楼的三楼测对面乙楼的高度，测量简图如图 3.9 所示。

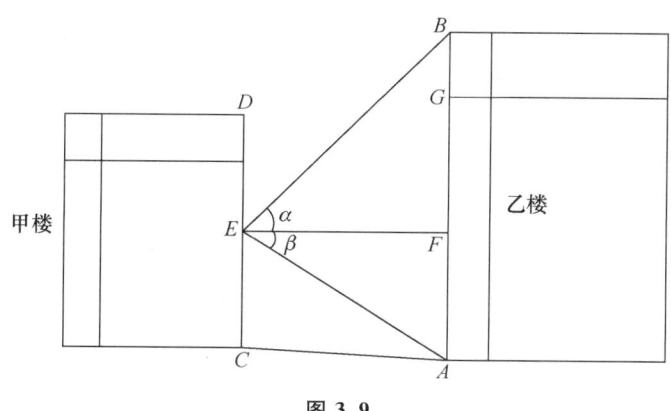

图 3.9

我们的步骤是：在甲楼三楼的阳台上测得仰角 $\alpha$ 和俯角 $\beta$，在地面上测得 $CA$ 的长度代入公式，同样测量三次 $CA$ 的长度求得楼高 $AB$ 平均值。

教师评价：第三小组同学给了我们一种从一个点出发来测量建筑物高度的方法，这种方法在地质探测、建筑、道路施工等方面都是很常用的方法。如果我们要测量科学楼的高度，而楼前有大量的障碍物，无法直接测得观察点到楼前的水平距离，那么我们有没有办法？学生顿时活跃起来，有人说可以用激光，有人说可以从空中拍照再来测量，还有的说用一颗系上绳子的钢钉，像打枪一样，钉到科学楼前的大树上，再来测量绳子的长度。

问题：

（1）结合《义务教育数学课程标准》（2011年版），谈一谈本节课程的设计理念。

（2）结合数学文化，设计教学拓展问题。

解析：

（1）《义务教育数学课程标准》（2011年版）要求学生经历探索物体与图形的基本性质、变换、位置关系的过程，能对具体情境中的问题，结合所学的数学知识进行合理的思考和分析，敢于尝试从不同角度寻求解决问题的方法，并能有效地解决问题；要求学生能体会在解决问题的过程中与他人合作的重要性，能够对解决问题的过程进行反思，并获得应用所学数学知识解决实际问题的经验和成功感。本次活动是在学生学习了解直角三角形的有关知识以后，对所学知识进行的结合实际的应用。

（2）魏晋时期著名数学家刘徽，编写《海岛算经》，专论测高望远。其中，一题是数学史上有名的测量问题。测量问题的含义如下：

如图 3.10 所示，要测量海岛上一座山峰的高度 $AH$，立两根高三丈的标尺 $BC$ 和 $DE$，两杆距离 $BD=1000$ 步，$D,B,H$ 成一条直线，从 $BC$ 退行 123 步到 $F$，从 $F$ 看 $A$，发现 $A,C,F$ 三点共线，从 $DE$ 退行 127 步，到 $G$，从 $G$ 看 $A$，发现 $A,E,G$ 三点也共线。试算出山峰的高度 $AH$ 及 $HB$ 的距离。（古制 1 步＝6 尺，1 里＝180 丈＝1800 尺＝300 步。结果用里和步表示）

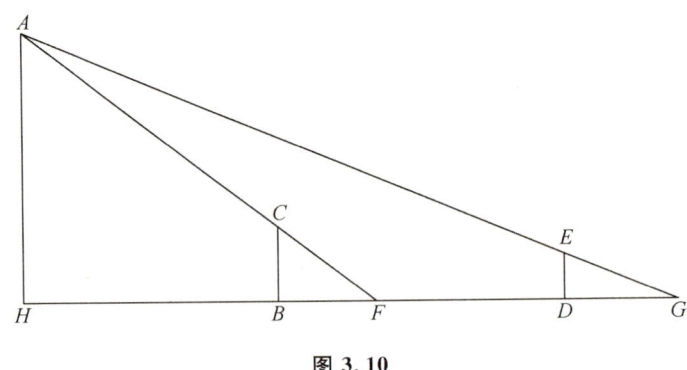

图 3.10

教师：这是我国的古代的数学问题，前面我们是利用相似三角形的有关知识进行求解的，请同学们课下思考，我们是否可以用这种方法来测量建筑物的高度，为了使计算简便，我们可以借助经纬仪量得相关的角度，长度等进行计算。

## 案例 3.5　相似三角形性质应用

**阅读案例，并回答问题。**

案例：

教师将课堂搬到了一个美丽宁静的公园里，并在平坦开阔处选定一棵大树。教师请各组学生做好准备，按照自己的方法测量大树的高度，每组进行两次以上的测量，记录好测量的方法和得到的数据。

师：现在正是中午，阳光灿烂，有没有同学能够利用阳光来测量这棵树的高度呢？

A 组组长：我们的方法就是利用阳光来测量的，我们先来。

师：好的，那就请 A 组组长介绍你们的方法，同时请组内其他成员来操作。

A 组组长：我们这组的方法叫作影子测量法，选一根竹竿作为标杆，利用相似三角形的知识（在黑板上画图，如图 3.11 所示），得出 $\triangle ABC \backsim \triangle A_1B_1C_1$（其中 $BC$ 为竹竿的长度，$B_1C_1$ 为大树的高度）。因此，树高 $B_1C_1$ 与树影长 $A_1C_1$ 的比等于竹竿的长度 $BC$ 与竹竿影长 $AC$ 的比，量出竹竿影长 $AC$，竹竿的长度 $BC$ 和树影长 $A_1C_1$，即可算出树高 $B_1C_1$。

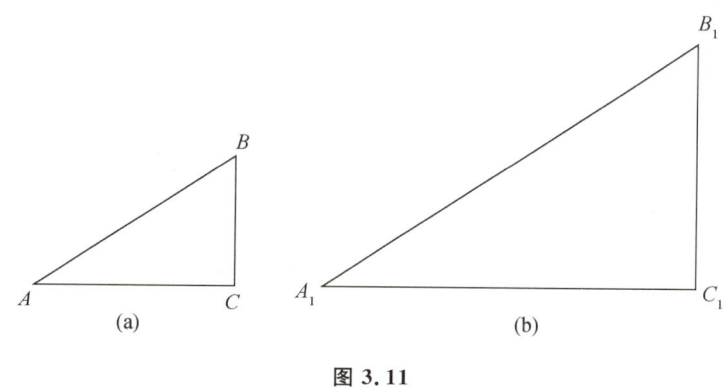

**图 3.11**

师：很好，请大家看一下 A 组的操作。

(A 组由两名学生测量，一人负责操作，一人负责记录，另几人提供帮助)

A 组组长：我们量出大树的高度大约是 10.76 米。

师：大家看完 A 组的操作后，有什么疑问呢？

生：他们的方法挺巧妙的，但是如果没有太阳怎么办？

师：是啊，假如今天没有太阳的话，又该怎么办呢？

B 组组长：我们有办法，不需要有太阳。我们这组的方法叫作卧地目测法（画图，如图 3.12 所示），就是一人躺在地上，另一人将竹竿在他与树之间移动，直到地上的人看到竹竿顶端与树梢重合（画图，如图 3.13 所示）。建构出一个相似三角形的数学模型，量出 $AE$、$DE$ 和 $AB$，则 $BC = \dfrac{AB \times DE}{AE}$。

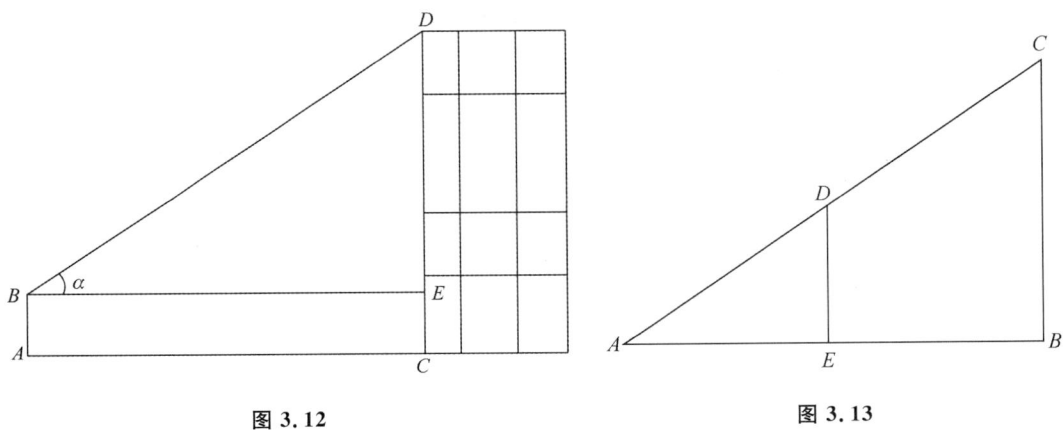

图 3.12　　　　　　　　　　　　　图 3.13

师：嗯，也很不错。那么大家有没有什么意见呢？

生：我觉得这种方法好是好，但是要是下雨该怎么办啊？难道还要躺在地上啊？

师：这位同学说得也对。那要是下雨了，你们说该怎么测量呢？

C组组长：我们这组的方法就不用躺着，站着就行啦！

师：那你们来给大家介绍一下你们的方法吧！

C组组长：我们的方法叫作举尺测量法，就是一人伸直手臂平行于地面并举着尺子前后移动（画图，如图3.14所示），直到看到尺子上下端正好与树梢、树脚相重合（即尺子"挡住"了树）。这样就构成了两个相似的一般三角形，利用相似三角形的高与边也成比例的性质，分别量出尺长 $DE$，手臂长 $AG$ 和人到树的距离 $AF$，求出树高 $BC$，约为 11.22 米。

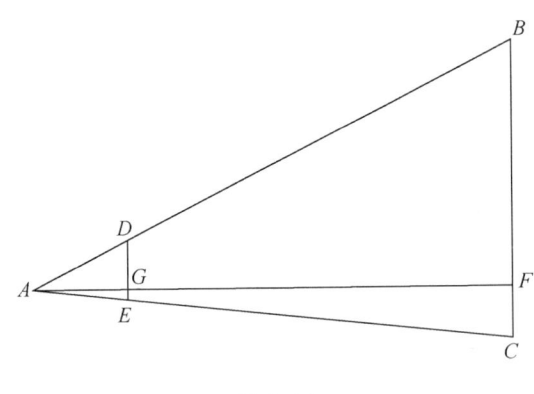

图 3.14

师：很好。大家注意，这里构成的三角形并不是直角三角形，而是一个一般三角形，所以测量的时候，是利用两个三角形高的比等于相似比。大家还有别的方法吗？

D组组长：我们有，我们用的是镜面反射法（画图，如图3.15所示），放一面镜子在地上，然后人前后移动，直到在镜子里看到树梢。量出人到镜子的距离 $BC$，镜子到树的距离 $CD$，人的眼高 $AB$，从而求出树高 $DE$ 约为 10.31 米。

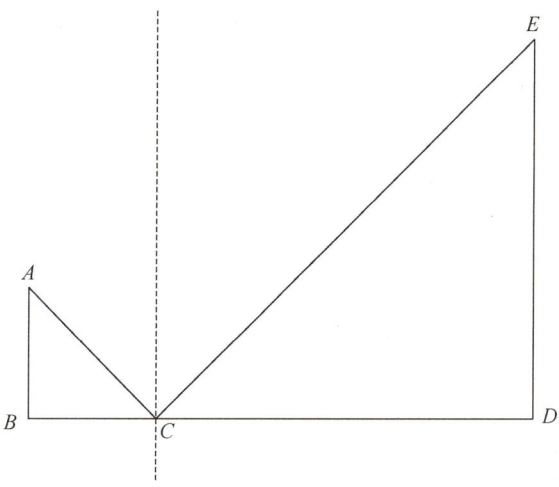

图 3.15

E组组长：还有缩小还原法，我们选定测角处后，先量出测角处到树梢的仰角，测量测角处到树脚的距离将以树梢、树脚、测角处为顶点的三角形按100∶1的比例缩小到纸上，测量后再按比例还原求出树高。

F组组长：我们也用了类似的方法，使用相机拍照后，量出照片中某物体的实际长度与其在照片中的长度，得到物体长度与照片中长度的比例，再量出照片中的树高，按比例还原，也可以量出树高。

师：各组的实验方法非常精彩。今天，我们针对如何测量一棵大树的高度的问题，想出了这么多种不同的方法。大家想一下，我们去解决这个问题的最重要的工具是什么？是尺子？是竹竿？还是别的什么？

生：都不是。

师：那是什么呢？

生：是相似三角形的性质，还有成比例线段的应用。

师：不错。正是因为有了我们在课堂中对数学知识的不断学习，才让我们有了去解决实际问题的能力，才能享受数学所带来的乐趣。大家一起来谈一下这节课的感受吧！

生甲：说明只要肯动脑，我们能够做到很多以前根本做不到的事。

生乙：我今天忽然发现数学还有这么有趣生动的一面，我对它更有兴趣了。

师：老师也从中感受到了你们丰富的想象力和敏捷的思维，谢谢所有同学的合作与努力！

问题：

（1）请为本节课设计一个情境引入。

（2）简要分析该案例中，教师采用的教学方法培养了学生的哪些能力。

**解析：**

（1）本节课的情境引入可以设计如下。

课堂上，教师先给学生讲一个小故事：很久很久以前，在一个静谧的大山里，有个美丽的小村庄，四周有着郁郁葱葱的树林。村子里的老人们说："林子里有着一棵神树，它高得没有尽头，是天上的仙人们下来凡间的楼梯。"这时一个小孩子说："谁说它是神树，我就能够量出它有多高呢!"

教师提问:你知道这个这么矮的小孩子怎么能够量出一棵参天大树的高度的吗?如果是你,你要怎么做呢?

安排任务:全班分成8个数学小组,用一天的时间各自拟定一种测量一棵大树高度的方法,不限使用的知识范围,不限工具(但尽量利用生活中常用的工具)。

(2) 教师通过测量大树高度的活动,培养了学生的思维能力,使学生体会到数学知识的生活化与有用性,激发了学生学习数学的兴趣,有利于培养学生善于思考的习惯和解决实际问题的能力;教师让学生们走出课堂,走进大自然,利用相似三角形等相关知识,测量一个不能直接测量的物体——大树的高度,使学生在自己动手的过程中体会成功的喜悦,既能加深学生对知识的掌握,又能认识到数学的作用与魅力。

## 案例 3.6　三角形三边之间的关系

**阅读案例,并回答问题。**

案例:

为了让学生更好地理解三角形三边之间的关系,李老师提出了以下问题:如图3.16所示,从甲地到乙地有两条路线,一条是从甲直接到乙的路线,另一条是从甲先绕到丙地,再从丙地到乙地。张三和李四正要从甲地赶往乙地去,他们知道两点之间线段最短的道理,决定从甲地直接往乙地去,可他们还想知道:对于由甲、乙、丙三个地点组成的三角形来说,它的三条边间有怎样的一种关系呢?

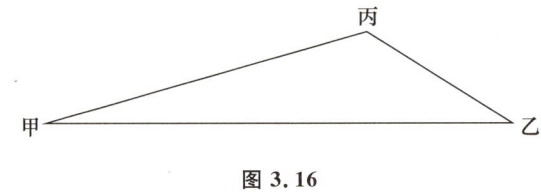

图 3.16

李老师在引出三角形的问题之后,进一步让学生自主探索如下问题:根据以下所给的条件能作出三角形吗?为什么? ① 三条边分别为 5 cm,7 cm,10 cm;② 三条边分别为 5 cm,6 cm,12 cm。

根据条件,学生分别采用不同的方法进行探索:有的学生拿出准备好的纸笔写写画画,有的学生用圆规在纸上作图,有的学生则把自己准备的小木棒按题目条件折断成 5 cm,7 cm,10 cm,6 cm,12 cm,再根据两组三角形边长数据进行拼接。用小木棒拼接三角形的学生很快得出了答案:第一组数据能围成三角形,第二组数据不能围成三角形。

李老师针对第一组数据能围成三角形、第二组数据不能围成三角形的结论又提出了新的问题让学生思考:那么,为什么有的三条线段能围成三角形,有的又不能呢?学生们围绕这个问题展开了热烈的讨论。

"老师,我知道了。"一名学生突然站起来说道:"第一组数据中,任意两条线段之和都大于第三边,但第二组数据中,5 cm 与 6 cm 的和小于 12 cm。"李老师点了点头说道:"那你用自己的语言概括一下,一个三角形的三条边之间是什么关系呢?"这名学生高兴地说道:"任意两边之和大于第三边。老师,还有任意两边之差小于第三边。"

接下来,李老师趁热打铁,用两道例题让学生更深入地理解三角形三边之间的关系。

例题1:下列三条线段能围成一个三角形吗?为什么?

① 1 cm,3 cm,2 cm;

② 2 cm,5 cm,8 cm;

③ 3 cm,3 cm,3 cm;

④ 3 cm,5 cm,3 cm;

⑤ 100 cm,1 cm,100 cm;

⑥ 3 m,25 cm,20 dm。

例题2:小明的手中已有长分别为30 cm和20 cm的两根小木棒,想再找一根小木棒围成一个等腰三角形,需要一根多长的小木棒呢?如果小明只是要摆成一个三角形,这根小木棒的长度有什么限制呢?如果用$x$表示这根小木棒的长度,求出$x$的范围。

针对这两道例题,李老师让一名学生把自己得到的答案写到黑板上,然后让大家判断并修改。学生踊跃上台,说出自己的答案。最后,李老师根据学生得出的答案进行了讲评。数学的教学活动已经结束了,但学生们仍然觉得意犹未尽。

问题:

(1) 请你为本案例设计一个思维拓展环节,让学生们了解更多关于三角形的知识。

(2) 简要评述该案例中李老师的教学模式。

**解析:**

(1) 本案例的思维拓展环节的设计如下:

在三角形三边的关系教学活动结束后,请学生解答以下三个问题。

① 已知一个等腰三角形的两条边长分别为12 cm,25 cm,求等腰三角形的周长。

② 已知三角形的一条边长为3 cm,另一条边长为7 cm,第三条边长为偶数,求这个三角形的周长。

③ 已知$a$、$b$、$c$为三角形的三条边,化简下面的式子:$|a+b-c|+|b+c-a|-|a-b-c|$。

(2) 在案例中,李老师通过活动,让学生经历了知识的形成过程,培养了学生动手、观察以及运用知识的能力,培养了学生积极探索的精神以及发现问题的能力。

这节课,李老师让学生通过各种方法对三角形的三条边之间大小关系进行了探索,他们充分发挥自己的动手能力和探索精神,通过一系列的活动体验,深刻地理解了在三角形中,任意两边之和大于第三边,任意两边之差小于第三边。

## 案例3.7 认识三视图

**阅读案例,并回答问题。**

案例:

环节一:创设情境,引入课题。

教师给出方队的队形图片如图3.17所示,提问:同一个方队,从不同的方向可以看到不同的图形,那么,一个物体需要怎样看才能全面认识它的形状呢?

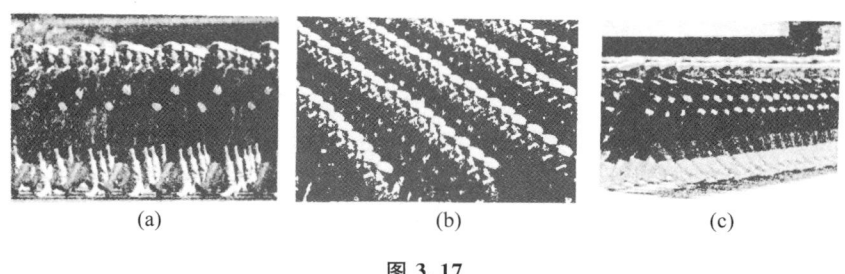

(a)　　　　　　　　(b)　　　　　　　　(c)

图 3.17

环节二:形成知识,引出定义。

(1) 教师利用多媒体演示动画,从正投影的角度给出视图和三视图的定义。

视图:当我们从某一个方向观察一个物体时,所看到的平面图形叫作一个物体的视图。

主视图:对一个物体在三个投影面内进行正投影,在正面内得到的由前向后观察物体的视图。

左视图:对一个物体在三个投影面内进行正投影,在侧面内得到的由左向右观察物体的视图。

俯视图:对一个物体在三个投影面内进行正投影,在水平面内得到的由上向下观察物体的视图。

(2) 教师用多媒体展示如图 3.18 所示的几何体,并请全体学生尝试画出这个几何体的三视图。

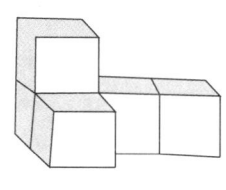

图 3.18

环节三:演示操作,探索规律。

教师为学生设置有梯度的活动,使学生在观察、操作、猜想、归纳中获得知识,积累活动经验,发展空间观念。

师:请大家拿出自制的小正方体,以小组为单位拼成不同的立体图形。

全体学生分小组讨论,拼成自己喜欢的立体图形。

师:大家的图形拼成以后,请仔细观察,从不同方向是否看到了不同的平面图形? 大家说出自己看到的是哪面图,并画出来。

教师请学生结合本小组的立体图形和所画的三视图,探究以下问题:

① 主视图和立体图形的长和高有什么关系? 与物体的宽有关吗?

② 俯视图和立体图形的长和宽有什么关系? 与物体的高有关吗?

③ 左视图和立体图形的高和宽有什么关系? 与物体的长有关吗?

④ 你还有什么新的发现吗？

⑤ 了解了这些规律后，我们在画三视图时，除了要观察三个方向的正投影外，还需要考虑什么？

最后，教师总结画三视图时要遵循的原则：

长度规律：主视图与俯视图的长对正、主视图与左视图的高平齐、左视图与俯视图的宽相等。

位置摆放如图 3.19 所示：

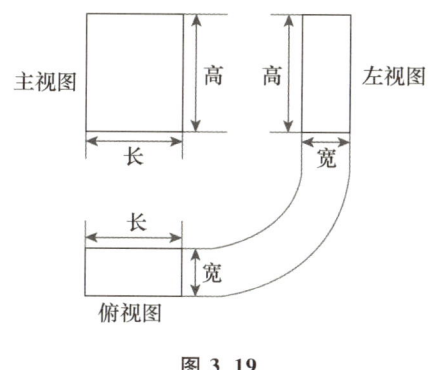

图 3.19

问题：

（1）结合《义务教育数学课程标准》（2011 年版），谈一谈教师应如何培养学生的空间观念。

（2）根据本案例中教师的教学过程，谈一谈本节课的教学关键。

（3）简要对该案例进行评述。

**解析：**

（1）结合《义务教育数学课程标准》（2011 年版），教师应从以下几个方面培养学生的空间观念。

① 利用模型实物，培养直观认识。《义务教育数学课程标准》（2011 年版）注重使学生从实际背景中抽象出数学问题、构建数学模型，从现实的生活空间中抽象出几何图形的过程，探索图形性质及其变化规律的过程。在教学过程中，教师应尽可能多地让学生观察各种几何实物，通过大量的实物观察形成对几何体的直观认识。例如，在要求学生画出由几个小正方体搭成几何体的三视图的练习中，如果教师准备了实物教具，让学生从正面、上面和侧面仔细观察所看到的平面图形，学生就对三视图有了一个直观的认识，能在实践中体会立体图形的不同呈现方式，获得初步的空间观念。

② 利用信息技术，展示变化过程。在教学过程中，教师应运用信息技术，利用现代教学媒体，让学生有充分的视觉感知，帮助学生更好地建立空间观念。现代教学媒体具有直观、生动、形象的特点，教师在教学中运用有利于激发学生的兴趣，调动学生的积极性。教师应积极开发和有效利用各种课程资源，合理地将信息技术与课程内容整合，有效地改变教学方式，加强课堂教学的效果。如在正方体的平面展开图教学中，教师可以制作课件向学生展示图形的变化过程，让学生明确一个正方体的展开图是六个正方形，并向学生展示正方体展开为六个正方形的过程以及六个正方形折成正方体的过程，让学生体

会立体图形与平面图形的转换关系。

③ 突出动手操作,积累活动经验。在教学图形与几何这部分内容时,教师应通过让学生动手操作来积累活动经验,培养空间观念。动手操作能使学生在大脑中留下空间图形的形象,从而建立空间观念。教师应鼓励并指导学生在课前、课后利用各种材料,自己动手制作一些立体图形的模型,让学生在制作的过程中,发现图形的特点,形成空间观念。

(2) 探究三视图的长度规律,精确画出三视图是本节课的重点。初中学生的空间想象能力还很弱,为了逐步培养学生的空间观念,教师应着重让学生观察生活中的实物,抽象出几何图形,再利用现代教学媒体展示出三视图。教师采用了自主探究、教师引导的方法来突破,让学生自主探究小正方体拼成的立体图形,以问题串的形式引导学生思考,通过实验操作及小组间充分的交流,建立空间观念。

(3) 三视图的教学重点是在投影的基础上着重培养学生的空间观念。学生此时已经具备了一定的平面几何知识,但空间想象能力还很有限。教师在本节课中为学生的思维发展搭建了台阶,让学生通过动手操作、观察、归纳等活动,自主探究平面图形和立体图形的关系,进而培养空间观念。

本案例中课程的设置具有较强的开放性,便于学生多角度地进行探究,教师没有简单地把所要学习的知识直接呈现给学生,而是设置了学生在问题背景下的探索活动,使学生时刻处在动态的探索过程中,自主发现三视图画法基本技巧。在这一过程中,学生既体会到了学习的快乐,个性也得到充分发展,为长远的发展奠定了基础。

## 案例 3.8　正多边形性质综合运用

**阅读案例,并回答问题。**

案例:
以下为教师教学正多边形性质的综合运用的具体过程。
(1) 创设问题情境。

走进教室,课前指令完成以后,教师一直盯着地板,表现出一副若有所思的样子,学生因此感到迷惑,互相轻声询问:"老师今天怎么了?"接着,全体学生也不由自主地在地板上观察起来,希望能发现什么……然后教师抬起头来,笑着问:"你们在看什么啊?"学生笑了起来,反问:"老师,您刚刚在看什么啊?""我在看地板啊!""我们也在看地板啊!"

"地板有什么好看的?你们看见什么了?"

此时,一部分学生回答说:"看到正方形了,我们家客厅也是这样形状的地板。"另一部分学生则说:"我们家的不一样。"

(学生的声音已经很放松了,也有了不同的观点)

(2) 提出具体问题并解决。

师:请同学们分组用手中的正方形纸片围绕一点铺满地面,要求既不留空白又不重叠。请问需要几片?为什么?

生：四片（同时用纸片演示）。因为正方形的每个内角是 90°，围绕这一点的四个正方形的四个内角的和是 360°，正好是一个周角，因此可以铺满地面。

师：请同学们分组用手中的正三角形纸片围绕一点铺满地面，要求既不留空白又不重叠。请问需要几片？为什么？

生：六片。理由是正三角形每个内角是 60°，6×60°=360°。

师：请同学们分组用手中的正五边形纸片围绕一点，要求既不留空白又不重叠。请问能否铺满地面？正六边形呢？正七边形呢？

生：正五边形不能铺满地板，因为正五边形的每个内角是 108°，而 108°不能整除 360°，即意味着没有整数个正五边形能围绕一点铺满地面。同理，正七边形也不能围绕一点铺满地面，正六边形则能用三片围绕一点铺满地面。

师：从刚刚的实践与分析中我们知道：用正 $n$ 边形能否围绕一点铺满地面取决于这个正 $n$ 边形的一个内角能否整除 360°，如能整除，所得的商就是铺满地面所需要的正 $n$ 边形的个数，若不能整除，则不能铺满地面。

师：用若干个正三角形和正方形围绕一点，是否能既不留空白又不重叠地铺满地面？如果能，应怎样铺设？

学生马上以小组为单位，用手中的材料进行铺设，很快就有学生发出成功的欢呼："三个正三角形和两个正方形就可以围绕一点铺满地面。"

师：同学们完成得很好。那么还有没有其他的两种正多边形围绕一点能铺满地面的呢？是怎样的情况呢？大家用手中的正多边形试一试吧！

学生在教师的引导下再次展开活动，气氛非常活跃。几分钟后，陆续就有学生说出："两个正三角形和两个正六边形就符合要求！""一个正方形和两个正八边形也符合要求！"

师：同学们的发现很重要，不过由于咱们今天准备的正多边形种类有限，不能一一拼凑出其他的情况。例如，一个正三角形和两个正十二边形也符合要求，为什么呢？能不能从正多边形的内角大小上发现问题？

生：正三角形的一个内角是 60°，正十二边形的一个内角是 150°，一个正三角形和两个正十二边形则有三个角，它们的和正好是 360°，所以可以围绕一点铺满地面。

师：同学们的回答很精彩！如果我们用代数的方法又怎样来理解这个问题呢？设需要 $x$ 个正三角形和 $y$ 个正十二边形能铺满地面。那么可列出方程 $x\times 60°+y\times 150°=360°$，考虑到正多边形的个数必须是正整数，所以上述方程的正整数解就是问题的答案。将方程化简为 $2x+5y=12$，它的正整数解是 $x=1, y=2$，并且是唯一的，即一个正三角形和两个正十二边形可围绕一点铺满地面。正三角形和正五边形是不是可以围绕一点铺满地面呢？为什么？

生：不能，因为所列方程 $x\times 60°+y\times 108°=360°$ 没有正整数解。所以用正三角形和正五边形两种正多边形不能铺满地面。

师：下面请同学们自己用方程的方法验证其他多边形的情况。

……

问题：

（1）结合《义务教育数学课程标准》（2011 年版）中的理念，分析该案例中教师的教学行为培养了学生哪些能力。

(2) 请你根据学生的特点,谈一谈如何激发学生学习几何知识的兴趣。

**解析:**

(1) 该案例中教师的教学行为主要培养了学生的几何直观能力。《义务教育数学课程标准》(2011年版)指出:"几何直观主要是指利用图形描述和分析问题。借助几何直观可以把复杂的数学问题变得简明、形象,有助于探索解决问题的思路,预测结果。几何直观可以帮助学生直观地理解数学,在整个数学学习过程中都发挥着重要作用。"

在教学中,教师要充分利用几何直观来揭示研究对象的性质和关系,使学生认识到几何直观在数学学习中的意义和作用,学会数学中的思考方式。几何直观能力的培养可以使学生体验数学创造性的工作历程,促进学生较好地理解数学本质,对学生创新意识的发展,发现问题、解决问题能力的培养,具有十分重要的意义。

(2) 从学生的认知结构和年龄特点来看,初中学段的学生对几何理论知识缺乏足够的实践和认识,不能准确地将实际的图形和抽象的语言联系起来。教师可以在教学中使学生经历观察—实验—猜测—计算—推理—验证的活动过程,突出重点,鼓励学生进行大胆的尝试,激发学生的学习兴趣。

## 案例 3.9　平行四边形的判定

**阅读案例,并回答问题。**

案例:

以下内容为教师教学平行四边形的判定的具体过程。

(1) 回顾旧知,引入新课。

师:通过前面的学习,同学们已经对平行四边形有一些了解,请说说你们都知道平行四边形哪些方面的知识?

学生回答,教师梳理。

① 平行四边形的定义:两组对边分别平行的四边形是平行四边形。

② 平行四边形的性质:平行四边形的对边相等,平行四边形的对角相等,平行四边形的对角线互相平分。

③ 平行四边形的两种判定方法:两组对边分别平行的四边形是平行四边形,一组对边平行且相等的四边形是平行四边形。

师:我们还证明了两组对角分别相等的四边形是平行四边形。

(教师用课件展示平行四边形的定义、性质和已学的判定定理)

教师追问:上节课我们已经对平行四边形的判定方法进行探究,你们认为还可以从哪些方面研究平行四边形的判定方法呢?

学生回答:从边和对角线来研究。

(2) 观察实验,探究新知。

依照上节课的形式,我们把平行四边形边、对角线性质的条件和结论互换,得到逆命题,验证是否成立,进而获得判定方法。平行四边形的性质定理及对应逆命题如表 3.1 所示。

表 3.1　平行四边形的性质定理及逆命题

| 平行四边形的性质定理 | 逆命题 |
| --- | --- |
| 平行四边形的对角相等 | 两组对角分别相等的四边形是平行四边形(已证) |
| 平行四边形的对边相等 | 两组对边分别相等的四边形是平行四边形 |
| 平行四边形的对角线互相平分 | 对角线互相平分的四边形是平行四边形 |

教师引导学生得到两个性质定理的逆命题：两组对边分别相等的四边形是平行四边形，对角线互相平分的四边形是平行四边形。

师：同学们认为得到的逆命题一定正确吗？

生：不一定。

教师提出结论是否成立，要经过必要的实验探究和推理论证，因此带领学生进行探究活动。

探究一：教师让学生将手中的两根等长的长木条，两根等长的短木条，共四根木条用小钉钉在一起，让学生思考怎样才能把它们围成一个平行四边形，转动这个平行四边形，并让学生观察，在图形变化的过程中，它始终是平行四边形吗？尝试证明所得的结论。

学生以小组为单位，利用课前准备好的学具动手操作、观察，完成探究活动。先每名学生独立思考，然后小组内互相交流，教师关注整个交流过程，并进行适当指导。

交流结束后，教师引导学生进一步推理证明，请学生自己画出图形，写出已知、求证，并证明。接着教师请学生代表上台用黑板演算并讲解，鼓励学生用不同的方法进行证明。学生可能会出现两种证明方法，利用定义或一组对边平行且相等的四边形是平行四边形进行证明，教师应肯定学生的证明结果，并得出本节课第一个判定定理：两组对边分别相等的四边形是平行四边形。

探究二：教师让学生将两根细木条的中点重叠，用小钉钉在一起，用橡皮筋连接木条的顶点，做成一个四边形，并让学生观察转动这个四边形，在图形变化的过程中，它是否始终是平行四边形，并要求学生尝试证明所得的结论。

有了探究一的经验，请学生仿照探究一的研究方法，进一步进行探究。教师追问：要证明四边形是平行四边形，现在有几种判定方法可以选择？

学生以小组为单位，交流探究思路，教师适时点拨，并请学生代表展示自己的证明方法。教师应启发学生比较各种证明方法之间的优劣，选出比较简便的方法，并找出各种证明方法之间的共同点，进而得出第二个判定定理：对角线互相平分的四边形是平行四边形。

（3）得出定理。

教师归纳本节课所学的两个判定定理，引导学生用符号语言进行表述，教师进行板书。

问题：

（1）简要评述本节课的教学过程。

（2）试分析平行四边形的性质与判定内容的教学关键是什么？

**解析：**

（1）本节课中，教师通过让学生回忆平行四边形的定义、性质，以及已学的平行四边形的两种判定方法，通过类比的方法组织教学，让学生经历"合情推理—提出猜想—演绎推理"的过程。教师针对本节课的平行四边形的两条判定定理的得出都注重知识的发生、形成过程,让学生亲历了观察、实验、推理、证明等活动,提升了学生的探究能力和推理能力。同时,在教学过程中,教师根据教学规律和学生的认知水平,给予学生充分的独立思考时间,体现了以学生为主体的教学思想。

(2) 四边形是几何中的基本图形,也是图形与几何领域研究的主要对象之一。平行四边形是特殊的四边形,较一般四边形而言,它与人们的现实生活关系更为密切,这不仅表现在日常生活中有许多的平行四边形的图案,更重要的是,它在生活以及生产实践中均有广泛的应用。

对于平行四边形的研究,通常有两种研究顺序,一种是从特殊到一般,一种是从一般到特殊。研究特殊的四边形,除了从点、线、角等局部性质入手,还可以从对称性的角度在整体上研究图形的性质。研究的方法可以是合情推理,也可以是演绎推理。在实际教学中,教师应引导学生重点通过演绎推理对图形的性质和判定的命题进行推导,借此提高学生的推理能力。

## 案例3.10 轴对称性质的理解

**阅读案例,并回答问题。**

案例:
一位教师结束了轴对称图形教学的新授环节,巩固练习时提出了一个新问题。
师:同学们,平行四边形是轴对称图形吗?
生:是。
师(拿出一个平行四边形):它真的是轴对称图形吗?大家看,把一个平行四边形边形对折,折痕的两边重合吗?
生:没有。
师:对!大家要记住,平行四边形不是轴对称图形。
问题:
(1) 请分析学生发生错误的原因。
(2) 请结合《义务教育数学课程标准》(2011年版),对案例中教师的教学行为进行评价。
(3) 请对案例中教师的教学行为提出教学改进建议。

**解析:**
(1) 学生发生错误的原因:学生对轴对称图形的概念认识不清,如果一个平面图形沿一条直线折叠,直线两旁的部分能够重合,这个图形就叫作轴对称图形;学生空间想象力不足,无法通过想象直接判断一个图形是否为轴对称图形。

(2)《义务教育数学课程标准》(2011年版)提出:教学活动是师生积极参与、交往互动、共同发展的过程。有效的教学活动是学生学与教师教的统一,学生是学习的主体,教师是学习的组织者、引导者与合作者。

在该案例中,教师提出问题后,没有给学生独立思考的时间,也没有让学生进行小组讨论或者实践操作，便得出了答案。对于答案的正误判断，是教师拿出教具进行验证的，没有学生的自主参与，这导致了课堂上师生的互动性不足，学生的参与性不足。教师直接拿出教具进行演示的教学行为，不能有效地培养学生的空间想象能力。案例中的教师过分关注学习结果，而忽略了学习过程中对学生各种能力的培养。

（3）有效的教学活动中，学生是学习的主体，教师在提出问题后，当学生回答不准确或不够完善时，应该鼓励学生进行思考，培养学生良好的数学学习习惯，使学生掌握恰当的数学学习方法。另外，学生学习应当是一个生动活泼的、主动的和富有个性的过程。认真听讲、积极思考、动手实践、自主探索、合作交流等，都是学习数学的重要方式。学生应当有足够的时间和空间经历观察、实验、猜测、计算、推理、验证等活动过程。

【本章小结】

本章主要列举了十个较为典型的图形与几何主题的案例，并进行了详细的案例诊断分析，以期帮助学生更好地理解空间与图像之间的关系，感悟数学知识之间的关联，加强对数学整体性的理解。本章的重点是培养学生的几何直观、推理能力、空间观念和模型思想等。

【本章要点回顾】

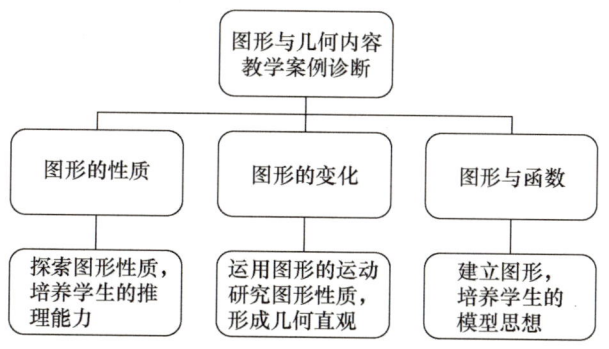

# 第四章

统计与概率内容的
教学特点和案例诊断

☞ **学习目标**

◎ 能够明确统计与概率在初中数学课程中的地位,知道如何进行教学应用。
◎ 能够引导初中生通过日常生活中的实例体会数据分析观念。
◎ 能够在教学中通过对典型案例的处理,使初中生经历数据处理过程,了解数据随机性,充分了解随机现象的重要性。

☞ **教学提示**

随着信息社会的到来,统计与概率的内容越来越重要。在《义务教育数学课程标准》(2011年版)中,统计与概率的内容占据重要地位,成为义务教育阶段数学课程标准中的四大内容之一。统计与概率的教学目标是让学生形成对随机现象的正确认识,形成随机观念和统计思想,体会用统计的方法解决问题的过程。

☞ **学习导引**

统计与概率的知识在现实生活的各个领域中的应用非常广泛,学生应具备基本的统计与概率的思想。学生在学习统计与概率的内容时应重点理解统计与概率的思想,学会将现实生活的问题处理成数学问题。

# 第一节 统计与概率内容的教学特点

义务教育阶段统计与概率的学习是过程、思想与观念的学习,为了突出统计与概率的思想,避免把这部分内容处理成纯计算的内容,教师在教学中要把握以下几个方面特点。

## 一、让学生经历统计与概率思想产生和发展的全过程

要使学生形成统计与概率的思想,最有效的方法是让他们真正投入到统计与概率思想产生和发展全过程,发现问题、提出问题,考虑是否可以运用抽样、统计图表、平均数、方差等统计与概率的知识解决问题。教师应引导学生主动地探索现实生活中的随机事件,学会运用实验、模拟、推理等方法得出事件发生的可能性大小,体会概率论的基本思想。

要让学生真正投入到统计与概率思想产生和发展的全过程,教师在教学中要重点关注两点:一是教师要让学生把学习的内容和实际情境联系起来,让他们在现实情境中解决问题;二是教师要鼓励学生独立思考,自己编制指标并设计调查统计表,提倡学生之间的互相交流,以提高学生的积极性和主动性。

## 二、让学生感受抽样的重要性,体会用样本估计总体的思想

抽样是初中学段统计与概率中的重要内容,这部分内容的教学中,教师要通过丰富的实例,让学生体会抽样的必要性和随机抽样的重要性;教师要让学生经历抽样的实践过程,根据样本的平均数、方差等统计量估计总体的特征,让学生体会用样本估计总体的思想。

## 三、让学生体会随机思想的特点

统计与概率中的数学方法是一种科学的方法,它能够有效地解决现实生活中的许多问题,学生若能够认识到概率的思维方式与确定性思维方式的差异就是具备了随机思想的一种表现。这一思想是初中学段的学生学习统计与概率知识的重要目标。教师在教学中要注重培养学生的随机思想。

## 四、让学生学会用统计与概率的方法解决实际问题

统计与概率的内容在现实生活中有着广泛的应用,教师在教学中要充分挖掘适合学生学习的与现实生活相关的材料。教师可以从报纸杂志、电视广播等多个渠道寻找素材,也可以从学生的生活实际中选取素材,使学生体会数学与现实生活的直接联系,并拥有充分实践的机会,以使他们认识到统计与概率在现实生活中的应用。教师在教学中,通过选择现实情境中的数据和例子,提高学生用统计与概率的方法解决实际问题的能力。

## 五、让学生把握统计与概率的联系

教师要引导学生把统计与概率联系起来看,数据的统计与处理不应只是停留在纯数字上,数据的统计与概率是密不可分的,很多的概率模型是建立在大量数据统计的基础上的。教师要使学生在随机实验中统计相关的数据,并了解这些数据的含义,了解这些数据所蕴含的随机性,切忌将统计与概率分割处理。

# 第二节 统计与概率内容教学案例诊断

## 案例4.1 集中量数理解(2018年上)

**教学设计题。**

加权平均数可以刻画数据的集中趋势。《义务教育数学课程标准》(2011年版)要求"理解平均数的意义,能计算中位数、众数、加权平均数"。请完成下列任务:

(1) 设计一个教学引入片断,体现学习加权平均数的必要性;
(2) 说明加权平均数的权重的含义;

(3) 设计一道促进学生理解加权平均数的题目,并说明具体的设计意图。

**解析:**

(1) 设计教学引入片断如下所示。

某超市出售一种牛奶糖和一种水果糖,牛奶糖售价 15 元/千克,水果糖售价 10 元/千克。为了满足广大消费者的不同需求,超市决定将两种糖混合销售,并设计了五种比例的混合方式(如表 4.1 所示)。

表 4.1　不同比例混合的牛奶糖和水果糖

| 序号 | 牛奶糖/千克 | 水果糖/千克 |
|---|---|---|
| ① | 1 | 1 |
| ② | 1 | 4 |
| ③ | 2 | 3 |
| ④ | 3 | 2 |
| ⑤ | 4 | 1 |

教师引导学生思考:

① 这五种混合方式得到的糖的加权平均单价一样吗?全部用 12.5 元/千克的价格销售,是否合理?

② 若加权平均单价不一样,哪一种最高?哪一种最低?如何设置单价才最为合理?

(2) 在计算加权平均数时,权重可以表示总体中的各种成分所占比例:权重越大的数据在总体中所占的比例越大,它对加权平均数的影响也越大。在计算加权平均数时,常用权重来反映对应的数据的重要程度:权重越大的数据越重要。

(3) 某单位欲从内部招聘一名管理员,对甲、乙、丙三名候选人进行了笔试、面试和民主评议,三名候选人的测试成绩如表 4.2 所示。

表 4.2　三名候选人的测试成绩

| 测试项目 | 测试成绩 | | |
|---|---|---|---|
| | 甲 | 乙 | 丙 |
| 笔试 | 75 | 80 | 90 |
| 面试 | 93 | 70 | 68 |
| 民主评议 | 50 | 80 | 70 |

① 如果根据三项测试的平均成绩确定录用人选,那么谁将被录用?

② 根据实际需要,单位将笔试、面试、民主评议三项测试得分按 4∶3∶3 的比例确定个人的成绩,那么谁将被录用?

③ 思考算术平均数与加权平均数有什么联系和区别。

设计意图:在实际问题的教学中,教师应让学生理解,由于各个数据在本组数据里的重要程度未必相同,因而每个数据都有一个"权",在各项权不相等时,就应采用加权平均数。设计的该题目中,笔试成绩这个数据比面试成绩和民主评议成绩的权重越大,也更重要一些,若使用算术平均数对该问题进行求解,则无法体现笔试成绩在该项数据中的"重要程度"。

## 案例 4.2 随 机 事 件

**阅读案例,并回答问题。**

案例:

针对随机事件起始课的教学,两位教师给出了如下教学设计片断:

【教师甲】

教师设置问题情境并提出:下列问题哪些是必然发生的?哪些是不可能发生的?

① 太阳从西边下山;② 某人的体温是 $100℃$;③ $a^2+b^2=1$(其中 $a,b$ 都是实数);④ 水往低处流;⑤ 酸和碱反应生成盐和水;⑥ 三个人性别各不相同;⑦ 一元二次方程 $x^2+2x+3=0$ 无实数解。

教师引导学生思考:在数学中,我们把事件①、事件④、事件⑤、事件⑦称为必然事件,把事件②、事件③、事件⑥称为不可能事件。请大家想一想:什么是必然事件?什么又是不可能事件呢?它们的特点各是什么?

【教师乙】

教师引入课堂:日常生活中,我们会发现有些事件是可能发生的,有些事件是不可能发生的,有些事件是必然发生的,在数学中如何计算事件发生的可能性呢?今天我们就来学习必然事件、不可能事件。

问题:

(1) 请分析两位教师引入随机事件概念的教学设计方案的各自的特点。

(2) 请分析随机事件内容的重点和难点。

**解析:**

(1) 教师甲的做法非常符合素质教育的要求,教师甲提出来的这几个事件都是学生熟知的生活常识和学科知识,通过这些生动的、有趣的实例,教师甲自然地引出必然事件和不可能事件;必然事件和不可能事件相对于随机事件来说,特征比较明显,学生容易判断,把它们首先提出来,符合教学中由浅入深的理念,容易激发学生的学习积极性。教师甲将概念的总结也让学生来完成,把课堂尽量多地留给学生,以此来体现以学生为主体,让学生自主学习、主动参与的理念。教师乙的做法相对于教师甲来说,是有所欠缺的。教师乙没有给学生预设情境,仅通过总结性的语言,直接提出随机事件的概念,没有体现以学生为主体的理念,不能提高学生的学习积极性,也没有增加教学的趣味性和知识性,课堂整体比较沉闷。教师乙只是一味地教,学生只是一味地学,没有体现出课程标准的要求。

(2) 教学的重点:必然事件、不可能事件、随机事件的判断,随机事件的特点。

教学的难点:必然事件、不可能事件、随机事件的区别,对随机事件作出准确判断。

## 案例4.3 选择统计图进行数据整理

**阅读案例,并回答问题。**

案例:

以下是某教师教学统计图的教学片断。

(1) 师生共同回忆所学过的三种统计图:扇形统计图、条形统计图和折线统计图。

(2) 教师用幻灯片展示学生在课余时间收集到的有关桃源片区六个在售楼盘的各种有关数据。

桃源片区新建在售的六个楼盘以拼音的首字母为序排列为:城市假日(C)、峻峰丽舍(J)、挪威森林(N)、欧陆经典(O)、润城花园(R)、中爱花园(Z)。

① 用地规模。城市假日占地 25 878 平方米,占六个楼盘总面积的 15.8%。峻峰丽舍占地 44 691 平方米,占六个楼盘总面积的 27.3%。挪威森林占地 10 000 平方米,占六个楼盘总面积的 6.1%。欧陆经典占地 29 840 平方米,占六个楼盘总面积的 18.2%。润城花园占地 32 991 平方米,占六个楼盘总面积的 20.2%。中爱花园占地 20 263 平方米,占六个楼盘总面积的 12.4%。

② 容积率。城市假日容积率为 2.60。峻峰丽舍容积率为 2.95。挪威森林容积率为 2.40。欧陆经典容积率为 1.80。润城花园容积率为 2.09。中爱花园容积率为 3.20。

③ 车户比。城市假日车户比为 6.0∶10。峻峰丽舍车户比为 4.7∶10。挪威森林车户比为 5.0∶10。欧陆经典车户比为 6.2∶10。润城花园车户比为 5.0∶10。中爱花园车户比为 5.0∶10。

④ 每平方米均价。城市假日:5 000 元左右。峻峰丽舍:4 600 元左右。挪威森林:4 200 元左右。欧陆经典:4 300 元左右。润城花园:4 100 元左右。中爱花园:4 350 元左右。

(3) 学生阅读相关数据,在教师的指导下开展活动。

第一步,将全体学生分成六个小组分别活动。教师按照学生能力进行分组,每组都包括不同能力的学生,尽量使各组的学生平均能力水平保持平衡。每小组内学生都有明确的分工,比如课前的数据收集由小组所有学生分开调查;而在进行数据分析时,可以让分析能力较好、计算机操作能力强的学生承担更多的有关任务;而在总结结论时,可以让表达能力强的学生承担。

第二步,教师指导学生先重点阅读在售六个楼盘的用地规模信息,然后让学生交流、思考,各小组自行选择不同类型的统计图,利用计算机的 Excel 软件制作统计图,教师在一旁协助指导。

第三步,教师将不同小组制作的统计图通过多媒体展示出来。

第四步,在对在售六个楼盘的用地规模的数据处理上,有一半的学生选择扇形统计图(如图 4.1 所示),另一半学生选择条形统计图(如图 4.2 所示)。教师请学生互相交流、讨论,比较两种不同的统计图的特点和作用。

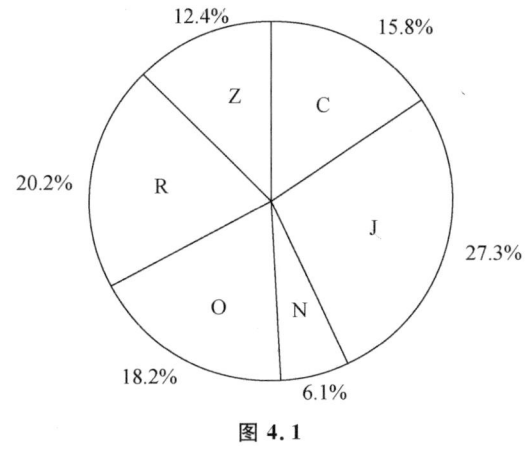

图 4.1

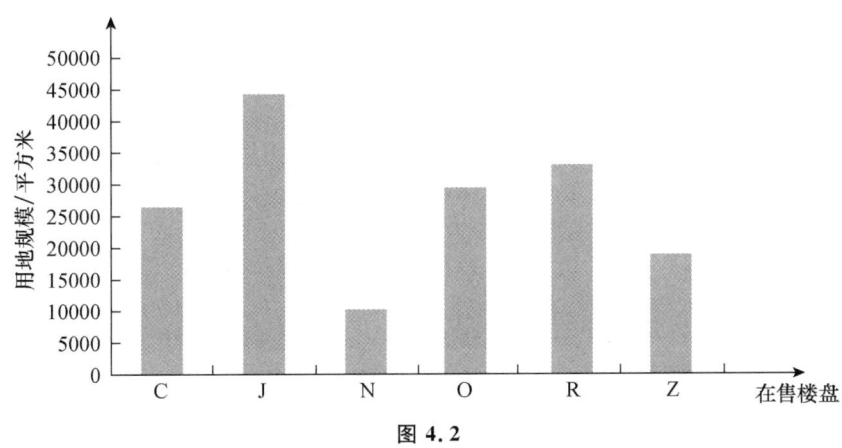

图 4.2

第五步，教师指导学生根据在售六个楼盘的容积率信息，动手制作统计图，教师将学生的作品进行展示。

第六步，在对在售六个楼盘的容积率的数据处理上，绝大多数学生选用了条形统计图（如图 4.3 所示）。教师让学生讨论：为什么在这组数据的处理上，大家大多选择用条形统计图？可否用折线统计图处理（如图 4.4 所示）？这两种统计图的差别在哪里？

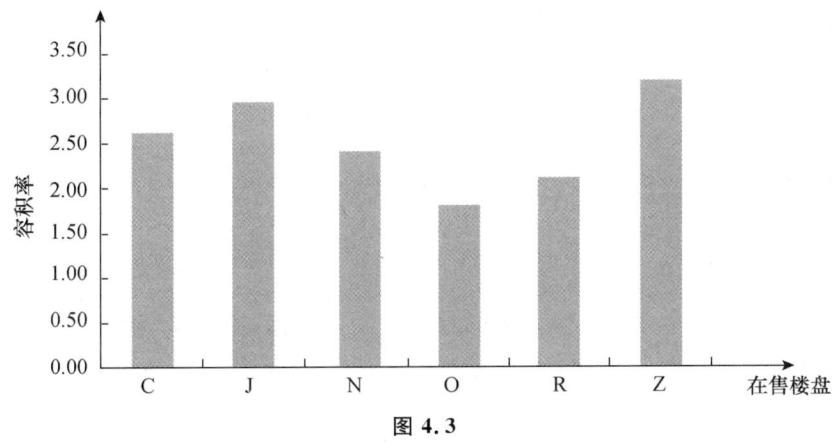

图 4.3

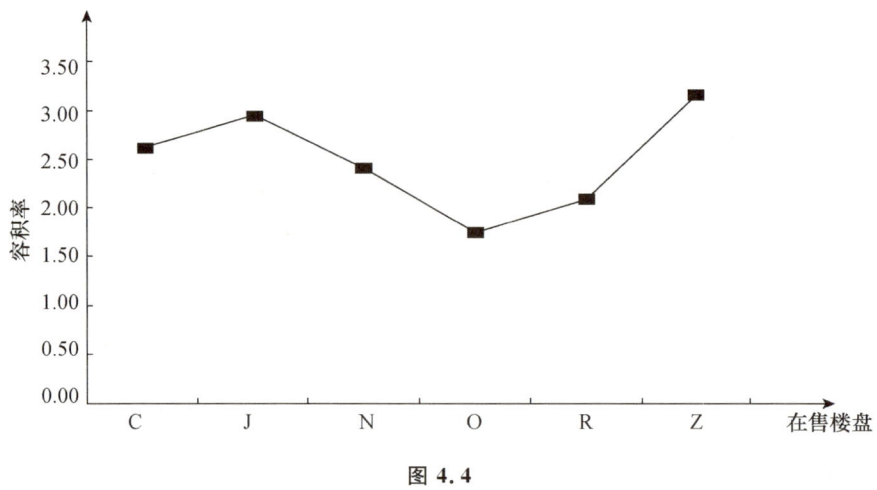

图 4.4

第七步,学生继续根据在售六个楼盘的车户比、每平方米均价的信息动手制作统计图,教师将学生的作品展示,并让学生互相交流、讨论选择的统计图有什么特点。

第八步,教师让学生交流、总结出三种统计图的特点和作用,并填写在表 4.3 中。

表 4.3　三种统计图的特点和作用

| 项目 | 扇形统计图 | 条形统计图 | 折线统计图 |
| --- | --- | --- | --- |
| 特点 | | | |
| 作用 | | | |

问题:

(1) 请将三种统计图的特点和作用补充完整。

(2) 该案例中教师的教学过程培养了学生哪些能力?

(3) 本节课的教学中,教师可以使用哪种教学方法?有怎样的特点?

**解析:**

(1) 三种统计图的特点和作用补充完整后如表 4.4 所示。

表 4.4　三种统计表的特点和作用总结表

| 项目 | 扇形统计图 | 条形统计图 | 折线统计图 |
| --- | --- | --- | --- |
| 特点 | 用整个圆表示总数,用圆内各个扇形的大小表示各部分数量占总数的百分数 | 用一个单位长度表示一定的数量,根据数量的多少画成长短不同的直条,然后把这些直条按照一定的顺序排列起来 | 用一个单位长度表示一定的数量,根据数量的多少描出各点,然后把各点用线段顺次连接起来 |
| 作用 | 可以很清楚地表示出各部分数量同总数之间的关系 | 很容易看出各种数量的多少,便于比较 | 不但可以表示出数量的多少,而且还能够清楚地表示出数量增减变化的情况 |

(2) 课前教师让学生自主收集与统计项目有关的数据,提高了学生收集数据的能力。课堂上教师让学生自己分析数据,并画出合适的统计图,从实践中找到分析、处理数据的规律,培养了学生分析数据的能力,让学生掌握了扇形统计图、条形统计图和折线统计图

的区别、特点和作用。

（3）本节课中，教师使用了多媒体演示法。多媒体的使用，提高了学生学习知识和探究问题的兴趣。教师指导学生利用 Excel 软件绘制图表，节省了学生的许多时间，让学生有更多的时间与空间去思考数学问题，增大了课堂容量，提高了学生学习的积极性。

## 案例 4.4　概率实验问题

**阅读案例，并回答问题。**

案例：

以下是某教师教学概率实验问题的过程。

1. 活动准备

教师将学生分成四人一组，每组准备好自己动手制作的正四面体（各顶点周围分别标上点数 1,2,3,4）、转盘（等分成四个扇形，分别涂上黄、蓝、绿、紫四色）各一个，扑克牌一副，抓阄用的纸条若干。

2. 活动过程

在以下的五个模拟实验中，都要经历"准备工具—实验操作—整理数据—分析数据—指导实验—预测结果"的过程。具体的活动设计如下：

（1）模拟实验一：抛掷一枚正四面体骰子（如图 4.5 所示），点数为 2 的顶点朝上的机会有多大。

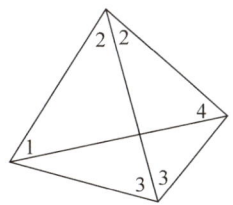

图 4.5

实验分析：该实验的实验工具难以准备，常用的骰子是正方体；如果教师让学生自己动手制作一个粗糙的正四面体骰子，可能给实验结果的准确性带来较大的影响。

（2）模拟实验二：教师让学生将可以自由转动的转盘等分成四个相等的扇形（如图 4.6 所示），转动转盘，看指针指向蓝色区域的机会有多大。

图 4.6

实验分析:该实验的实验工具虽然也不太容易准备,但平面的实验工具一般都比立体的实验工具更容易准备,因此,相较于模拟实验一的工具,该实验的实验工具更容易准备一些。同时,该实验的实验工具不影响实验结果。

(3) 模拟实验三:准备一副没有大小王的扑克牌,共52张,教师让学生把牌充分洗匀后进行抽牌,实验得出抽到的牌恰好为黑桃的机会有多大。

实验分析:该实验的实验工具很容易准备,实验工具不影响实验结果。

(4) 模拟实验四:教师让学生在同一副扑克牌中随意拿出黑桃、红心、梅花、方格四种花色各一张来做实验,把牌充分洗匀后进行抽牌,抽到的牌恰好为黑桃的机会有多大。

实验分析:该实验的实验工具和模拟实验三一样,但它排除了大量数据的干扰,该实验的实验工具不影响实验结果。

(5) 模拟实验五:教师取规格一样的四张纸条,分别写上1,2,3,4,然后揉成纸团(数字不可见),随机搅匀,让学生抓阄,抓阄时恰好抓到2的机会有多大。

实验分析:该实验的实验工具需要自己制作,但很容易准备,此实验工具便于反复使用,不影响实验结果。

问题:

(1) 请简要对该案例中的教学活动进行评述。
(2) 本节课培养了学生的哪些能力?

**解析:**

(1) 案例中的模拟实验主要有如下特点:

① 在模拟实验的进行过程中,实验工具逐步转变为学生更熟悉的种类,也越来越容易准备。

② 不管是哪个模拟实验,都没有影响到实验结果。

③ 模拟实验有一定的推广价值,模拟实验的实验方法越贴近学生的生活,学生越能感受到数学的趣味。

(2) 教师在数学教学活动的过程中,让学生不但要学数学还要用数学,不但要理解数学知识与生活实际的联系,还要感受数学在实际生活中的应用。教师应引导学生学会适当地选择不同的实验工具进行实验,培养学生的数学应用意识、创新意识和实践能力,培养学生解决问题的灵活性。

## 案例4.5 随机事件教学

**阅读案例,并回答问题。**

案例:
以下是某教师教学随机事件的导入过程。

师:上课!

生:老师好!

师:同学们好!请坐。今天我问大家一个问题,你们在公共场合见过转盘之类的游戏吗?

生：(部分回答)见到过。

师：有谁参与过吗?

生：有。

师：你能说一说当时的胜负情况及体会吗?

生甲：有一次在一个商场,花一百元钱转四次转盘,我无论怎样努力,最后得到的都是小奖,结果损失了八十多元,心情非常难受。

生乙：我也参与过,我和几个朋友去游乐厅玩,由于好奇,我们每人都转了好多次,可是都不幸运,输了很多钱,大家扫兴而归,都抱怨运气不好。

师：其他同学呢?

参与过的学生大都表示同感。

师：这节课我们要做一个转盘游戏,没参与过的同学借此机会也体验一下,或许能悟出其中的奥妙! 下面以小组为单位,手中有 A 盘的同学为甲队,手中有 B 盘的同学为乙队,游戏时两队的同学互相监督协作,交替进行。

问题：

试分析该案例中问题导入部分的作用。

**解析：**

教师对教学随机事件的导入设计得比较好,让部分参与过转盘游戏的学生介绍游戏时的感受及胜负情况,让没参与过的学生也可以体验一下,从而很好地把所有学生的亲身体验和所学内容联系起来。因学生的好奇心强,这样的导入方式使教学氛围立刻活跃起来,学生都积极地投入到游戏中来。

## 案例 4.6　随机现象体验

**阅读案例,并回答问题。**

案例：

以下是某教师教学随机事件的活动过程。

师：请同学们打开课本,阅读游戏规则。

(几分钟后)

师：谁来给大家说明一下游戏规则?

生甲：① 任意转动转盘,停止后指针指几就把指针顺时针转动几格,最终得到偶数得 1 分,若得到奇数得 0 分,记下结果。

② 若转盘停止后,指针指向两格中间怎么办呢? 为了公平,这次不算,重新转动转盘。

③ 甲、乙两组各转 10 次,累计分多者为胜。

师：同学们还有不清楚的吗?

生：没有!

师：好！下面每组选出一名代表，到讲台前面转动转盘，现在游戏开始！

（游戏结束后，选出两名学生统计各组的得分情况，并宣布获胜小组，其他学生掌声祝贺）

问题：

简要分析案例中的教学过程对学生情感态度的教育意义。

**解析：**

案例中的教师让学生投入到自己感兴趣的游戏当中，亲身感受游戏活动的整个过程，有助于培养学生的学习兴趣，培养学生发现问题并提出问题的能力，培养学生深入思考的态度。

## 案例 4.7 概率问题教学

**阅读案例，并回答问题。**

案例：

以下是某教师教学概率问题的过程。

师：数学的知识可以帮助我们理解生活中的许多现象，我们应该学好这门功课。请同学们把课本打开，看一看课本中给我们介绍了概率的哪些知识。

（师板书）

生甲：给我们介绍了必然事件的概率是 1，不可能事件的概率是 0，不确定事件的概率是 $p(0<p<1)$。

生乙：我认为给我们交代了概率可以用数字和线段图两种方法表示。

（师边听边板书）

师：同学们，你们能用书中的知识解决下面的难题吗？

小明、小刚、小强 3 人做游戏，获胜者得到笔记本。三人约定先后任意投两枚硬币，若落地后，两枚硬币均正面朝上则小明胜；若落地后，两枚硬币均反面朝上则小刚胜；若落地后，两枚硬币一正一反则小强胜。你认为游戏规则公平吗？为什么？

生甲：我认为公平，因为不管落地后是怎样的情况都是随机的，所以是公平的。

师：其他同学认为呢？

生乙：我认为不公平。因为小明是两枚均正面朝上为胜，而小刚则是两枚均反面朝上为胜，当第一枚反面朝上时，小明没有机会了，当第一枚正面朝上时，则小刚就没有机会了，而小强无论第一枚情况如何都还有机会获胜。

师：同学们，现在出现了两种观点，哪种观点正确呢？同学们探讨一下。

（几分钟后，各小组讨论完了）

生丙：我们小组讨论的结果是抛两枚硬币落地后有四种情况：是正正、正反、反正、反反，小明获胜的概率为 1/4，小刚获胜的概率也是 1/4，而小强获胜的概率为 1/2，所以不公平。

师：同学们还有其他意见吗？

生：没有。

师：好！刚才的活动中大家表现比较好，能积极发言，那么，经过一节课的学习，你们有哪些收获呢？

问题：

(1) 教师在初中学段概率内容的教学中应注意哪些问题？

(2) 本教学片断中为学习新知识引入的思考题有怎样的作用？

**解析：**

(1) 在概率的教学中，教师应重视问题的实际背景和意义，强调概率在社会生活和科学领域中的应用，注重学生的自主探索和学生间的合作交流，重视模拟和实验，不要把概率内容处理成纯计算的内容。

(2) 在本教学片断中，教师引入的思考题能引导学生解决问题，不仅加深了学生对新知识的理解，也提高了学生解决实际问题的能力，同时让学生感受到概率知识在生活中的价值。

## 案例 4.8　统计调查教学

**阅读案例，并回答问题。**

案例：

以下是某教师教学统计调查时的教学片断。

教学准备阶段：

(1) 教师利用 PowerPoint 制作一个简单课件。

(2) 教师布置学生进行社会调查。

① 教师让学生以小组为单位，调查了解不同行业应用的各种统计图。

如：气象站发布的本市近 10 年月平均降水量的统计图、学校卫生室对全校学生近视眼情况统计的统计图、学校图书馆不同种类图书的藏书量统计图、城市人口的数量统计图等。

目的：教师让学生调查了解不同行业所应用的统计图的目的是培养学生从统计图中获取尽可能多的信息的能力，让学生体会统计图在现实生活中的实际意义，培养学生善于观察生活、乐于探索研究的学习品质，以及与他人合作交流学习的精神。

② 收集数据：教师让学生以小组为单位收集自己最感兴趣的一件事情的有关数据。

如：家庭生活方面——家庭每月收支情况；社会生活方面——某社区居住人口年龄分布情况；学校生活方面——学生近视眼情况、学生最喜爱的体育运动情况，等等。

目的：在没有条件限制的情况下，教师让学生以小组为单位，对自己感兴趣的问题展开调查，经历搜集数据的过程，并在此过程中培养学生自主探索、合作交流的能力。

问题：

该教学片断设计的教学目的是什么？

**解析:**

教师让学生投入到自己感兴趣的调查中去收集数据,能使学生体验到统计知识在社会生活中的广泛应用和重大价值,教师应对学生选择调查对象给予一定的引导,使调查有更好的效果。

## 案例 4.9　统计与决策教学

**阅读案例,并回答问题。**

案例:

以下为教师教学统计与决策的教学片断。

师:在生活与工作中,人们为了某件事情或某个问题常常需要做各种调查,在调查中就需要收集数据、分析与整理数据,因此常常用到统计图。那么在日常生活中,你们都见到什么样的统计图呢?大家一起说说看。

(教师让学生自己举例说明)

师:其实生活中的统计图是多种多样的,我们今天只研究其中的三种——扇形统计图、条形统计图、折线统计图。下面请同学们展示你所收集或制作的统计图,并与大家一起分享你的收获好吗?

(1) 学生展示自己收集或制作的各种统计图。

① 各小组派代表展示小组收集或制作的统计图(包括照片、资料、亲自制作的统计图)。

② 小组代表说明从统计图中获取的信息及此统计图对于现实生活的意义。

(2) 教师再提出问题:统计图可以帮助我们整理数据、分析数据。那么统计图在对不同问题进行统计时到底有什么作用呢?

教师引导学生分小组讨论并交流,然后让学生回答统计图的作用,统计图的作用主要可以从以下几个方面探讨:① 可以清晰有效地表达数据;② 可以对数据进行分析;③ 可以获得许多的信息;④ 可以帮助人们合理决策。

(3) 选择并制作不同的统计图。

教师向学生展示世界人口情况的调查数据的三幅统计图,培养学生的读图能力。

教师提出问题:① 三幅统计图分别表示了什么内容?② 从哪幅统计图中你能看出世界人口的变化情况?

教师请学生根据图片中的三幅有关世界人口情况的统计图,小组交流、讨论,就世界人口问题提出合理化的建议。

学生纷纷根据自己的理解提出建议。

问题:

(1) 该教学片断中学生经历了哪些教学环节?

(2) 本节课的教学设计意图是什么?

**解析:**

(1) 该教学活动使学生完整地经历了"调查了解—搜集数据—整理数据—作出决策"

的统计全过程,培养了学生全面思考问题的品质,使他们深刻地体会到统计是科学合理决策问题的有力依据。

(2)教师通过让学生自己收集和制作统计图,培养了学生通过统计图获取信息的能力和读图能力;教师通过让学生展示自己收集到的统计图,加强了学生交流与表达的能力,培养了学生合作的精神;教师通过让学生思考为什么生活中不同的问题选择不同的统计图,使学生亲自体会到统计图的选择与问题的研究方向是有关系的,逐步体现统计图为某件事情的决策、判断提供有力依据的深远意义。

## 案例 4.10　数据的收集教学

**阅读案例,并回答问题。**

案例:

(1)问题的引入。

上课了,望着略显疲惫的学生,李老师故意大声地说:"通过这段时间的学习,老师认为同学们最喜欢的科目就是数学,全班同学尤其喜欢我们刚刚学过的几何。"

话音刚落,下面有些学生大声附和,有些则是面面相觑,苦笑着摇摇头,慢慢的,班里出现争论声,并逐渐增大。

于是李老师叫了一名学生,问有什么问题。他狡猾地说:"老师,我是非常喜欢数学,但是其他同学就不知道了。"

李老师又问道:"那如果想要了解有多少同学喜欢数学,该怎么办呢?"有许多学生大声说:"调查!"

李老师听了之后不置可否,却又换了一个话题:"老师敢肯定,我们班所有同学最爱看的动画片是国产动画片。"

学生们听了一愣,一时不明白李老师今天怎么尽说些没有根据的话,随即班里就喧闹起来了,有些学生大声反对,有喜欢日本动画片的,有喜欢美国动画片的,进而争论开来,全班跟开了锅似的。

看到时机成熟,李老师说道:"看来大家认为老师所说的话不合理,那么怎样才能知道一句话、一个判断合理不合理呢?"许多学生说:"调查。"

李老师接着说:"大家说得非常好,从刚才的情况来看,一个人说出的话、下的结论要想具有说服力,最好先调查一下。调查在数学上是从收集数据开始的,用数据来说话,才是最有说服力的。"

学生们恍然大悟,原来李老师是有备而来,到了此时,大家精神振奋,疲惫一扫而光。

(2)问题的解决。

李老师让全体学生列举实际生活中需要调查、收集数据的例子。

很多学生想起班上前不久进行的班长换届选举,在这次选举中,两位候选人经过两轮投票,才最终选出班长,李老师借着这个例子说:"当我们要进行一项决策时,要用科学的数据作为依据,而科学数据的获得,就需要用科学的方法来收集。就我们的班长选举活动,请大家说说如何收集数据。"

于是,课堂里再次热闹起来,很多学生争相发言,最后归纳出如下几条:① 明确调查问题——投票选举班长;② 确定调查对象——全班每名学生;③ 选择调查方法——采用民主推荐的方法,每名学生投一票;④ 展开调查——每名学生将心目中的班长名字写下来;⑤ 记录结果——由一名学生唱票,一名学生计票(画"正"字),一名学生在旁边监督,记录到原始数据调查表中,最后由一名学生将原始数据记入统计表中;⑥ 得出结论——得票数最高的学生当选班长。

(3) 探索与发现。

在大家对数据的收集方法基本了解以后,李老师又布置了下面的一个任务:

某班就要和别的班级进行拔河比赛了,比赛前双方队长要挑选场地,裁判拿出一枚硬币,用掷硬币的方式来决定谁先挑选场地。若掷出硬币正面朝上,则由该班级先挑;反面朝上,则由对方先挑。李老师请大家讨论,最后是自己班级先挑场地,还是对方先挑,能确定结果吗?为什么?

问题一经提出,全体学生又进行了激烈的争论,但片刻之后,学生们都意识到要用数据说话,要进行调查。

于是,李老师将全体学生分成八个小组,每组一枚硬币,掷五十次,让他们自己去统计投掷硬币的结果。

全体学生都热情高涨又井然有序地进行着掷硬币活动,各组有掷硬币的、有记录的、有监督的,大家各司其职,这让李老师心中暗暗高兴。

实验结果出来后,各组组长分别将本组数据填在李老师事先在黑板上画好的表格中,如表 4.5 所示。

表 4.5 掷硬币活动数据统计表

| 组别 | 结果 | |
|---|---|---|
| | 正面 | 反面 |
| 第一组 | | |
| 第二组 | | |
| …… | | |
| 第八组 | | |

通过收集掷硬币活动得到的数据,大家纷纷表示,无法确定是哪方先挑选场地,因为各组实验结果都不尽相同,说明我们掷硬币的结果是随机的,无法事先确定结果。

结合这个实验,李老师引出了概率的相关概念,学生非常容易接受,看着大家理解的样子,李老师又提出一个问题:"如果把表中的各组正面、反面的数据分别加起来,会有什么结果?"

对于这个问题,大家都要求再试一试,李老师把这个问题作为作业留给学生在课后解决。

一节课就这样带着疑问与期待结束了。

问题:

(1) 案例中教学设计的教学目标是什么?

(2) 该案例的教学特点有哪些?

（3）本案例中采用了小组合作学习的方式，这种方式有怎样的优势？

**解析：**

（1）案例中教学设计的教学目标有：

① 让学生了解数据是有用的，掌握数据收集的方法；

② 让学生能够进行简单的数据收集工作，并能学会初步的数据分析；

③ 让学生经历调查和收集数据的过程，体会数据在解决现实生活中问题的作用，激发学生学习和应用数学的兴趣。

（2）该案例的教学特点有：

① 在本节课中，李老师所提出的几个问题都是从学生已有的知识经验出发，从而激发学生的学习兴趣，有助于学生正确理解收集数据的方法。

② 数据在决策中有非常重要的作用，正因为如此，收集数据是一项严谨的工作。教师可以结合该节课开始时提出的问题，再列举相关实例，让学生体会到数据有"好""坏"之分。

③ 教师及时创设问题情境，组织学生进行自主探索与合作交流，通过充分的探究活动，让学生用学到的知识来解决问题，加深学生对所学知识的认识与理解。

（3）小组合作学习是课程标准倡导的一种学习方式，与其他学习方式一样，都是为了提高学生的学习能力、学习兴趣。小组合作学习的使用有一定的适用范围，教师若选择在合适的时机开展，能有效地发挥它的作用，使小组内每个成员都获得充分的发展。

## 【本章小结】

本章主要列举了十个较为典型的统计与概率主题的案例，并进行了详细的案例诊断分析，使学生能够经历多种多样的数据统计处理过程。在此过程中，学生能学习数据收集、处理、分析的方法，理解数据分析的思路，运用所学知识和方法解决实际问题。本章的重点是加深学生对数据分析、数学建模、逻辑推理和数学运算等核心概念的理解。

## 【本章要点回顾】

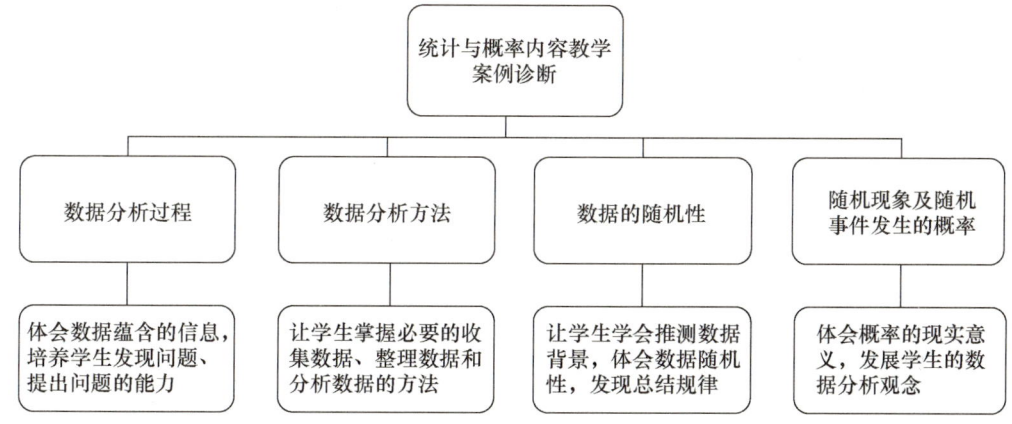

# 第五章

综合与实践内容的
教学特点和案例诊断

☞ **学习目标**

◎ 能够明确综合与实践内容在初中数学课程中的地位。
◎ 能够引导初中生发现和提出有意义的数学问题,猜测合理的数学结论。
◎ 能够引导初中生提出解决问题的思路和方案,通过自主探究、小组合作研究论证数学结论。

☞ **教学提示**

课程标准在教学内容中设置了四个部分,综合与实践是其中一个重要内容,这部分内容为学生提供了一种通过综合、实践的过程去学习数学、理解数学的渠道。综合与实践是数学课程中的一个较新的内容,理解这个领域的内容,对于数学的教学是非常重要的。

☞ **学习导引**

综合与实践内容给学生提供了一种进行实践性、探索性和研究性学习的渠道。综合与实践内容强调数学知识的整体性、现实性和应用性,注重数学的现实背景与其他学科之间的联系;通过综合与实践活动,学生能进行自主探索、合作交流,并学会综合运用所学的知识解决问题。

## 第一节 综合与实践内容的教学特点

综合与实践内容是《义务教育数学课程标准》(2011年版)的一个特色。《义务教育数学课程标准》(2011年版)提出:"'综合与实践'是一类以问题为载体、以学生自主参与为主的学习活动。在学习活动中,学生将综合运用'数与代数''图形与几何''统计与概率'等知识和方法解决问题。""'综合与实践'的实施是以问题为载体、以学生自主参与为主的学习活动。它有别于学习具体知识的探索活动,更有别于课堂上教师的直接讲授。"综合与实践内容给学生提供了一种进行实践性、探索性和研究性学习的渠道。综合与实践内容在不同的学段是以不同的形式呈现的,其中七至九年级主要以"课题学习"的形式展现。将综合与实践内容作为七至九年级数学学习的一个重要内容,并不是在其他数学知识之外增加新的内容,而是进一步强调数学知识的整体性、现实性和应用性,注重数学学科与其他学科之间的联系;教师组织综合与实践活动,可以促进学生进行自主探索、合作交流,并培养学生通过综合运用所学的知识解决问题的能力。

开展数学综合与实践活动,教师需要创设问题情境,让学生综合运用所学的知识,并运用生活经验进行独立思考或与他人合作,经历发现问题、提出问题、分析问题和解决问题的全过程,感悟和理解数学各部分内容之间、数学与生活实际之间、数学与其他学科之间的联系,加深对所学数学内容的理解。数学综合与实践活动所选择的内容可以是纯粹的数学问题,也可以是数学与其他学科相联系的问题,还可以是从生活、生产、科研等实际问题中抽象出的数学问题。

七至九年级的综合与实践活动是学生在教师的指导下进行的,教师教学时应该注意以下方面。

## 一、密切联系实际,把握实践性特点

综合与实践活动的一个重要目标是让学生体会数学与生活实际的联系,树立正确的数学观。根据七至九年级学生的年龄特征和心智发展水平,教师要考虑如何将数学知识与生活实际相联系,让学生学会用数学知识发现社会生活中的问题,并在力所能及的范围内解决,促进学生去了解社会、体验生活,并积累一定的理论知识和实践经验。学生通过解决与生活密切相关的问题,可以认识到数学与生活实际的联系,认识到生活实际中事物的状态可以用数学模型去刻画。

综合与实践活动所探究的问题大多数源于社会生活实践,整个活动过程包含思考、调研、操作、实验等内容。教师在组织学生进行综合与实践活动时,一定要注意密切联系实际,把握实践性特点,培养学生将实际问题转化为数学问题、数学模型并解决问题的能力,使学生能够将数学抽象知识在问题情境中具体化。

## 二、以学生为主体,注重学生学习过程中的感受和体验

开展综合与实践活动的关键是让学生积极展开思维活动,激发学生的潜能,培养学生解决问题的能力,提升学生的创造力。因此,教师在组织综合与实践活动时,要以学生的自主性学习为主,让学生掌握学习的自主权。在活动内容上,教师应该让学生从数学学习和社会生活中自主地选择和确定自己感兴趣的问题进行研究。在实践的过程中,教师应该让学生自己制订活动计划(包括活动的时间、地点、方式等),进行自我监控、自我评价,这样可以充分培养学生的自主意识和自我教育能力。

在综合与实践活动中,教师要以学生为主体,要注重学生在学习过程中的感受和体验。在综合与实践活动中,学生通过设计课题、查找资料、动手实验、社会调查、撰写研究报告等实践活动,掌握调查、观察和实验等科学研究的一般流程和方法,学会与他人交往和合作,能够形成自己的感受和体验。

## 三、综合运用相关知识,体现综合性特点

在综合与实践活动中,教师应该注重体现综合性特点,综合与实践活动的综合性主要体现在以下两个方面:

### 1. 数学各部分知识与表达方式之间的综合

综合与实践是在数与代数、图形与几何、统计与概率的基础上建立的,是综合运用不同的数学表达方式体现出来的。学生熟悉的数学表达方式主要有数、式、方程、函数、图形、表格、图象等,这些不同的数学表达方式之间有着密切的联系。例如,数形结合是一种将数与图形两种表达方式结合的十分重要的数学思想方法,它生动地表现了数学知识

之间的内在关系,并能有效地解决问题。

2. 数学学科与其他学科的综合

数学学科与其他学科有着广泛的联系,根据学生的实际情况,教师应通过综合与实践活动建立起数学学科与其他学科的联系。例如,学生可以通过观察、测量、推断等方法得出一些物理量之间的关系,如欧姆定律,焦距公式,质量、体积、密度关系公式等。

### 四、培养学生创造性思维,体现开放性特点

与一般的数学学习活动相比,综合与实践活动具有明显的开放性,有利于培养学生的创造性思维。这种开放性体现在以下几个方面:

1. 研究问题的来源是开放的

在综合与实践活动中,学生可以从数学学科本身、学生日常生活、社会生活以及其他学科中选择并确定他们感兴趣的问题进行研究。这些问题可以是教师提供的,也可以是学生自己探索的;可以是学科知识的拓展延伸,也可以是对自然和社会现象的探究;可以是已经证明的结论,也可以是未知的问题。

2. 学习的形式是开放的

综合与实践活动的形式是多样化的,如制作、调查、操作活动、游戏、专题阅读和小型课题研究等都是综合与实践活动的重要形式。

3. 学习空间是开放的

综合与实践活动不同于一般的数学学习活动,它不限定在教室内进行,教师可以要求学生从课堂走到课外,从校园走向社会。

4. 学习的途径是开放的

根据综合与实践活动的内容不同,学生可以通过网络检索、查阅图书馆资料,或者走访有关部门、单位,甚至是采访各方面的专家、学者等各种方式来完成活动。

5. 学习结论是开放的

综合与实践活动允许不同的学生按自己的理解以及自己熟悉的方式去解决问题,允许不同的学生根据各自的能力和所掌握的资料,通过自己独特的思维活动得出不同的结论,它并不追求结论的唯一性和标准化。教师应鼓励学生就研究的问题提出自己独特的见解。

## 第二节 综合与实践内容教学案例诊断

### 案例 5.1 邮局环境中的问题发现与解决

**阅读案例,并回答问题。**

案例:
以下为学生自主课外探究性实践活动过程。

活动主题为"邮局环境中的问题发现与解决"。

这是一个数学应用、建模、探究的活动,教师可以不给出具体问题,只带领学生走进邮局这个环境,让学生自己观察和寻找有关的数学问题。在具体活动过程中,学生们自己发现和提出的数学问题如下:

(1) 关于邮递包裹专用箱的问题。

① 邮递包裹专用箱的规格是有国家标准的,这种标准是否合理?

② 每天消费者使用不同规格的邮递包裹专用箱的数量不同,是否可以通过统计发现规律?确定每种规格的邮递包裹专用箱的库存量或进货量为多少时比较合理?

③ 根据所寄物品的几何尺寸,怎样选择相应的邮递包裹专用箱比较经济?

(2) 信封设计的几何问题。

① 各类信封的大小和型号有国家标准,哪种型号的信封使用人数较多?

② 信封主要有"侧开式"和"背面中开式",展开信封,分析它的对称性,怎样合理裁剪一张大纸(如 A0 的纸)制作出较多的信封?

问题:

如何评价该教学过程中的实践活动?

**解析:**

上述教学过程中,教师提供一个自然场景作为学生的数学探究性实践活动场地,这个自然场景可以使学生提出很多问题,具体提出哪些问题需要学生自己观察、思考。学生在这样的情况下常常能从不同的角度发现诸多教师平时没有注意到的问题,提出一些让人耳目一新的新想法和问题。这种形式的学生自主探索实践活动可以很好地锻炼学生发现问题、提出问题的能力。

## 案例 5.2　一元一次方程的实践与探索

**阅读案例,并回答问题。**

案例:

以下为某教师教学七年级上册一元一次方程的教学片断。

教师展示例题:学校需要制作一块广告牌,请来两名工人。已知工人甲单独完成需 4 天,工人乙单独完成需 6 天,两人合作完成需要几天?

解:设两人合作完成需要 $x$ 天,列方程

$$\left(\frac{1}{4}+\frac{1}{6}\right)\times x=1,$$

解得
$$x=2.4。$$

答:两名工人合作完成需要 2.4 天。

解答完例题后,教师接着进行情境拓展。

师:同学们想不想试着写出其他的题目来试试呢?如果想,请把题目写下来。

教师的话引起了全体学生的兴趣,大家都跃跃欲试。教师在查看学生们提出的题目时,发现有一名学生按照教科书中的提示写出了这样一个题目:

题①：学校需要制作一块广告牌，请来两名工人。已知工人甲单独完成需 4 天，工人乙单独完成需 6 天，其中一人先单独做一天再和另一人合作，需几天完成？

生甲：这个题目简单，把一人先做的量先从总量中扣掉就行了。

师：你的想法很好！

生乙：老师，这道题出错了！题中说"一人先做"，可是没说哪个人先做啊！

生丙：对，可能是工人甲先做，也可能是工人乙先做。所以我们得分两种情况来解决这个问题！

师：老师想把这个题目略加改动，你们还有信心挑战吗？

生齐声说：有。

于是，教师提出：

题②：学校需要制作一块广告牌，请来两名工人。已知工人甲单独完成需 4 天，工人乙单独完成需 6 天，若两人先合作一天再一人单独做，需几天完成？

很快，不少学生积极举手，脸上露出自信的表情。

生丁：题①是先单独做再合作，而题②则正好相反。所以题②中只要将两人合作的工作量扣掉就可以了。

生丙：与题①类似，我们也要分两种情况解答。

师（露出欣慰的笑容）：同学们的分析太精彩了！看来大家已经感受到了数学中的分类讨论思想，现在一起看看同学们还写出了什么题目。

此时全体学生情绪高涨，期待教师展示下一个题目。

教师展示下一个题目：

题③：学校需要制作一块广告牌，请来两名工人。已知工人甲单独完成需 4 天，工人乙单独完成需 6 天，两人合作，完成后共得报酬 100 元，如果按个人完成的工作量计算报酬，那么该如何分配？

生戊：这个题目太简单了，工人甲和工人乙的工作效率之比是 6∶4，所以工人甲应得 60 元，工人乙应得 40 元。

师：你能灵活地应用两位工人之间的工作效率的关系来解答此题，思维很敏捷呀！

师（故作困惑）：由工人乙先做 1 天，再由两人合作，完成后共得报酬 450 元。如果按个人完成的工作量计算报酬，那么又该如何分配呢？

学生们认真思考着……

在题③的启发下，许多学生对这道题目进行了正确解答。

问题：

（1）请分析案例中该教师的教学特点。

（2）案例中，教师在教科书的基础上是怎样拓展教学资源的？

**解析：**

（1）"工程问题"虽然在小学就涉及了，但仍然是七年级学生难以掌握的问题。这个教学片断中，教师以"工程问题"中的基本例题为根基，有目的、有意识地筛选出学生们自己写出的题目，并让学生自己思考、进行解答：从"两人合作"到"一人先做再合作"，到"先合作再一人单做"，再到"报酬的合理分配"。这四个问题，教师采用给出情境，让学生参与的教学方法，并对教科书中的例题进行了合理的变形、转化、拓展与综合，深入挖掘潜在的数学思想，并揭示其丰富内涵。教师的这种教学方法不但有利于学生掌握基础知识、激发学生的学习兴趣、发挥学生的想象力和创造精神,而且对培养学生的应变能力和思维能力、提高学生对数学建模思想的认识等都是很有益的。

(2) 从案例中可以看出,教科书仅仅只是提供了最基本的教学资源,并不是唯一的教学资源,教师作为学生学习的组织者和指导者,应该在钻研课程标准、教科书和了解学生情况的基础上,对教科书上的题目进行"改编",把封闭式问题变为开放式、探究式问题,并增加学生探索的梯度,培养学生大胆发现问题、解决问题的能力;教师还应对教科书进行"拓展",使问题延伸,增加学生探索问题的广度和深度,引导学生对知识进行再发现、再创造,体现教学的实效性。

## 案例 5.3　黄金分割教学

**阅读案例,并回答问题。**

案例:
以下为某教师教学黄金分割相关内容的教学片断。

(1) 引入课题。教师播放优美的音乐,给出四幅有关春天的图画,其中有一幅图画的宽与长之比满足黄金分割比,教师让学生投票选出自己认为最美的图画,大部分学生认为满足黄金分割比的图画是最美的。

教师提出问题:它为什么最美,美在何处?教师可以先让学生自由思考、发言,再一起探究,引导学生测量它的长和宽,然后计算它们的比,得到宽比长的值为 0.618,进而引出黄金分割的内容。然后,教师带领学生学习黄金分割的历史。

(2) 回顾历史。
教师准备好资料,让学生熟悉资料后讲解相关内容。

黄金分割历史悠久,最早认识并应用黄金分割比的是古希腊的毕达哥拉斯学派,他们最早认识到五角星中有不少黄金分割比。

最早对黄金分割进行系统研究和推广的是公元前 4 世纪古希腊数学家欧多克斯,他提出将一条线段分成不相等的两部分,使较长部分线段为原线段和较短部分线段的比例中项的命题,并对这个命题进行了系统研究,提出了详细的作图方法。这种分割还有好几个名称,如称为将线段分成"中外比""中末比"或"外内比",较长部分线段比原线段的比值约为 0.618,叫作"黄金比",也叫作"黄金数"。

对于这个数值,欧多克斯当时还未称之为"黄金数","黄金分割"的名称诞生很晚,"黄金"二字是欧洲文艺复兴时期,意大利著名的科学家、艺术家达·芬奇冠以的美称。达·芬奇的名画《蒙娜丽莎》就是按黄金分割的比例来构图的。

(3) 联系现实。
现在,大家一般认为,用符合黄金分割比的两条线段作为边的矩形(即相邻两边之比等于 0.618)比用任何其他比例作为边的矩形都更美观,因此,现在书籍、图片、门窗、桌面等的宽与长之比大多接近 0.618,这样制作更美观。教师根据教学内容,让学生动手画出符合黄金分割比的矩形。

问题:
(1) 简述该教学片断中教师的教学活动特点。

(2) 请为学生设计"发现美"的教学活动。

**解析：**

(1) 教师选择了学生非常感兴趣的主题——黄金分割来设计该课，教师精心准备了教学的相关材料，同时发挥学生的主体性，通过联系历史激发学生的学习兴趣，通过让学生自己作图加深其对黄金分割比的理解，让学生充分去参与，以期留下真正深刻的印象。

(2) 可以设计教学活动如下：

方案一：请学生在白纸上构图，发挥想象力和创造力画出最喜欢的物体或景色，注意运用黄金分割比。

方案二：教师给出绘画的元素为阳光、树、花草、鸟、人，请学生在白纸上构图，注意运用黄金分割比将各元素放在适当的位置，使图形看起来美观。

## 案例 5.4  心率与年龄问题

**阅读案例，并回答问题。**

案例：

以下为某教师教学心率与年龄时的教学片断。

师：下面请各小组把收集到的关于"心率与年龄"的有关信息汇报一下。

组长 A：我们提出的问题是"不同年龄的人，心率是否相同？"收集到的信息说明不同年龄的人，心率不相同，主要是与心肌发育有关。

组长 B：我们提出的问题是"心率的多少与人的性别、职业、身体健康方面有关系吗？"收集到的信息说明心率与性别、情绪是有关系的。

组长 C：我们提出的问题是"像我们现在这个年龄的人，心率多少为正常？"校医罗医生告诉我们是 60～100 次/分钟。

组长 D：我们提出的问题是"心率不正常一般是哪些原因造成的？"收集到的信息说明心率不正常一般有不常运动、先天性心脏病等方面原因。

组长 E：我们提出的问题是"在什么样的环境下适合测心率？"收集到的信息说明应在心平气和时测心率。

师：你们提出并解答了几个非常好的问题，让我听了觉得收获很大。

接着，教师请课代表把学生收集到的数据汇总成表格，并通过投影仪展示。

师：请同学们看一看，想一想，这个表格设计合理吗？

生甲：应该按男女分开列表，因为男女心率不一样。

生乙：应该按不同的年龄段分开列表，因为年龄不同，心率也不同。

师：好！请各小组合作重新设计表格，重新整理收集到的数据。

（设计表格的过程中，教师发现第二组做得较好，展示了第二组的表格）

师：请同学们仔细观察，这个统计表告诉我们哪些信息呢？

生丙：从数据来看，张三的心脏有毛病，心率过快。

生丁：李四的心脏也有毛病，心率过慢。

师：很好！看来身体是否健康可以从心率的数据进行初步的判断，那么大家想有一颗健康的心脏吗？

学生们：想！

师：刚才 D 组的同学谈到心率不正常的原因之一是不常运动,那就多运动吧！大家再想想,心率不正常就一定是心脏有问题吗？

生甲：不一定！还可能与被测量者当时的情绪有关。

师：对！回答得非常好。天天拥有好心情对自己的心脏有好处。大家再看看数据还能找到更多的信息吗？

生丙：可以计算表中人们的平均心率。

生丁：还可以画出条形统计图。

师：大家都说得很好。在接下来的动手画图前,大家请思考这几个问题：第一,上面提到的指标数哪一个更有说服力？第二,条形统计图怎样画更简单明了？第三,这次调查的结果是什么？在写调查报告时注意总结前面五个小组长提到的问题和答案。

问题：

(1) 简要谈一谈有效教学活动需要注意哪些问题。

(2) 分析该案例中教学设计的优点和不足。

**解析：**

(1) 有效教学活动不能让学生只是单纯地依赖模仿与记忆,动手实践、自主探索与合作交流才是学生学习数学的重要方式。教师应强调从学生的生活实际出发,让学生亲身经历用实际问题来构造数学模型,并应用数学的过程。教师对学生数学学习的评价既要关注学生学习的结果,也要关注他们学习的过程；既要关注学生数学学习的水平,也要关注他们在数学活动中所表现出来的情感态度与价值观,帮助学生认识自我,建立信心。

(2) 教学设计的优点：在该案例的教学设计中,学生们亲身体验了抽样调查的整个过程,通过收集数据、小组内外合作交流获得统计相关知识,学会对知识进行归纳、总结。教师通过让学生了解人类心率的知识,落实情感方面的教学目标。该教师让学生参与数学结论的发现过程,自主探索或与他人探讨、合作交流,体验成功带来的愉悦感；同时,学生通过协作,体会到集体的力量,增强了学生之间的感情。

教学设计的不足：在该案例的教学设计中,测量标准不同时,测得的心率误差会比较大；测量的外界环境不同时,测得的心率会产生误差。

## 案例 5.5　探寻数学的美

**阅读案例,并回答问题。**

案例：

以下是某教师以"探寻数学的美"为主题的综合与实践活动教学片断,该教师先简单地介绍了数学的价值,引入"探寻数学的美",并分四个方面用实际例子让学生感受数学的美,同时进行自主活动。

师：数学是人类文化的重要组成部分,是自然科学、技术科学的基础,在经济学、社会科学、人文科学的发展中发挥了很大的作用,数学的美学价值也逐渐引起人们的关注。这节课让我们一起来探寻数学的美吧！

(1) 和谐美。

师：古希腊的毕达哥拉斯学派认为美在于数的和谐。请同学们看下面一列数：

$$12^2 = 144,$$
$$102^2 = 10404,$$
$$113^2 = 12769。$$

换一下顺序：

$$21^2 = 441,$$
$$201^2 = 40401,$$
$$311^2 = 96721。$$

师：再看下面的幻方（如图 5.1 所示）。幻方中每一个横行、每一个纵列以及每一个对角线上的几个数之和都相等。多么和谐、多么奇妙啊！中学数学中类似这样美妙的现象还有很多很多，同学们能列出几例来同大家分享吗？

| 2 | 7 | 6 |
|---|---|---|
| 9 | 5 | 1 |
| 4 | 3 | 8 |

| 1 | 14 | 4 | 15 |
|---|---|---|---|
| 12 | 7 | 9 | 6 |
| 13 | 2 | 16 | 3 |
| 8 | 11 | 5 | 10 |

图 5.1

教师组织学生进行自主活动。

(2) 简洁美。

师：数学中的定义、定理、公式、法则以及特有的符号语言，其含义简洁、严谨、准确，将数学王国的简洁美，表现得鲜明、生动而雅致。

例如，一个简单的图象就可以将世界人口一百多年间的变化信息展示出来，如图 5.2 所示。

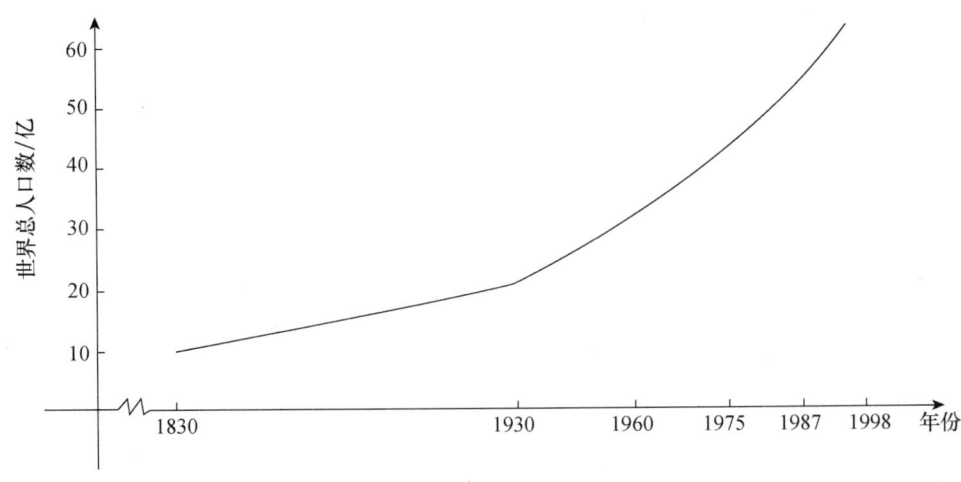

图 5.2

师：数学活动中，同学们曾体验过数学的简洁美吗？请大家结合数学实例与其他同学交流你对数学简洁美的感受。

教师组织学生进行自主活动。

（3）对称美。

师：从古至今，人们普遍认为对称的形式是美丽的，无论是日常生活中，还是艺术作品中，对称性随处可见。对称性在数学中也普遍存在，例如，$12345678987654321=111111111^2$。

师：面对如此具有对称性的式子，大家是不是感受到了对称美？请大家也试着找一找数学中的具有对称美的式子或图象同其他同学分享。

教师组织学生进行自主活动。

（4）奇异美。

师：数学中的黄金分割比被人们认为是最优美、最令人赏心悦目的比值，广泛应用于建筑和艺术上。有趣的是，自然界中也有许多漂亮花朵、果实与这个黄金分割比有关。如许多树叶的宽与长之比与 0.618 相差无几。黄金分割比在现实生活中广泛存在，请大家试着找一找，与大家一起分享。

教师组织学生进行自主活动。

师：数学的美学特征还有许多，只要我们能细心观察，用心感受，就能不断发现不同的美，体验到数学王国的五彩缤纷。除以上四个方面之外，大家还有哪些发现，可以一起来交流！

问题：

（1）本节课的教学意义是什么？

（2）对该案例中教师的教学行为进行简要评述。

**解析：**

（1）在数学教学过程中，教师在重视传授给学生知识、培养学生能力的同时，应充分挖掘数学中的审美教育因素，引导学生探寻数学美，体验数学美，这样做能丰富数学活动的内涵，提高数学活动的趣味性和吸引力。通过本节课的活动，教师能够激发学生追求数学美、应用数学美、创造数学美的高雅情趣和强烈愿望，让学生在美的熏陶中启迪心智，健全人格。

（2）本案例的设计从四个方面引导学生探寻数学美，教师采用完全开放的形式让学生自主活动、交流，同时还建议学生尽可能采用图文结合等较直观的形式进行展示交流，尽可能营造出生动、活泼、妙趣横生的活动氛围。在本案例的活动设计中，教师还应针对学生的活动情况及时地进行评价，这样每一名参与活动的学生都能受到鼓励，每一名学生的自信心和创造意识都能得到激发。

## 案例 5.6　居民丢弃塑料袋调查

**阅读案例，并回答问题。**

案例：

以下为某教师以"居民丢弃塑料袋调查"为主题开展的综合与实践活动。

师：通过刚才的数据整理，我们知道全班 48 位同学的家庭一周内丢弃塑料袋 576 个，下面请同学们进行以下活动，解决所提出问题。

（教师使用投影仪展示活动及问题）

活动一：估计丢弃的塑料袋数量。

（1）全体学生的家庭中，每一个家庭平均一周内丢弃多少个塑料袋？

（2）由此估计，全校 960 名学生的家庭一周内丢弃多少个塑料袋？

（3）由此估计，全县的 26390 户县城居民家庭一周内丢弃多少个塑料袋？

师：同学们还能提出其他问题，并进行解决吗？

教师可预设问题如下：

（4）由此估计，全县的 26390 户县城居民家庭一个月内丢弃多少个塑料袋？

（5）由此估计，全县的 26390 户县城居民家庭一年内丢弃多少个塑料袋？

活动二：估计丢弃塑料袋的面积。

师：通过测量，我们知道一个中等型号的塑料袋面积约为 $0.2m^2$，一间教室的面积约为 $60m^2$，据此，请同学们解决以下几个问题。

（1）全班 48 名学生的家庭一周内丢弃的塑料袋大约有多大面积？

（2）全班 48 名学生的家庭一周内丢弃塑料袋的面积相当于多少间教室的面积？

（3）全班 48 名学生的家庭一年内丢弃塑料袋的面积相当于多少间教室的面积？

师：同学们还能提出其他问题，并进行解决吗？

教师可预设问题如下：

（4）全县 26390 户县城居民的家庭一年内丢弃塑料袋的面积相当于多少间教室的面积？

师：通过调查、整理、分析数据，同学们有什么体会呢？

学生自由发言。

教师总结：每一个家庭都有丢弃塑料袋的现象，虽然不多，但把成千上万个家庭丢弃的塑料袋聚在一起，却数量惊人。而丢弃的塑料袋给环境带来的污染日益严重，为了我们赖以生存的环境，我们不要随意丢弃塑料袋。我们购物时要使用环保袋，做义务宣传员，成为环保的使者。让我们一起来保护环境吧！

问题：

（1）根据综合与实践的要求，本案例中的教学关键是什么？

（2）简要对本案例中教师的教学特点进行评述。

**解析：**

（1）本案例中的教学关键有以下几点：

① 收集数据和整理数据。教师通过让学生收集数据和整理数据，以课内外相结合的形式，将综合与实践教学融于日常生活中。本案例中，学生应用了许多统计学的知识，如简单的抽样调查、收集数据、整理数据等。

② 用样本估计整体解决问题。本案例体现了综合与实践内容设置的宗旨，有利于培养学生综合运用有关的知识与方法解决现实问题的能力。教师根据整理的数据提出问题，学生运用样本估计整体的方法估计得到全校、全县的各个家庭所产生的塑料袋数量等，并以教师提出的问题为基础进一步发现问题，这使学生能够深入开展自主探究。教

师在本案例的教学中设置了丰富的问题情境,借此激发学生的研究兴趣,将感性的认识提升到理性层面,拉近学生与生活、与社会的距离。

③ 总结归纳,提升认识。在活动最后,教师通过让学生讨论自己的体会,认识到保护环境的重要性,并呼吁学生一起保护环境。

（2）本案例中,教师教学的内容安排科学合理,便于学生的合作与交流,在学生课前进行调查的基础上,教师通过让学生对样本数据进行处理,得出居民丢弃塑料袋的一般情况,并通过计算得到样本数据,即所丢弃的塑料袋的数量和大小,进而通过样本数据对总体情况进行估计,最后进行概括总结。这样的教学设计,内容在展现上呈一定的梯度,层次清晰,便于学生学习;探究的问题有明确的思考方向,便于学生的思考。虽然这是一节综合与实践课,但由于安排科学合理,大大降低了学生的学习难度,充分调动了学生学习的积极性。

本案例中的教师教学关注学生的学习过程,有利于学生的发展,学生通过思考与交流、有效的小组合作,能独立地或在教师、同学的帮助下完成学习任务。教师关注学生的学习过程,关注知识的生成过程,达到了课程标准的要求。

## 案例 5.7  蚂蚁吃食物的最短路线

**阅读案例,并回答问题。**

案例:

甲、乙两位数学教师选用同样的材料组织综合与实践活动,材料是一个三级台阶,它的每一级的长、宽、高分别为 50cm,25cm 和 15cm,如图 5.3 所示。$A$ 和 $B$ 分别是这个台阶的两个相对端点,$B$ 点上有一只蚂蚁,想到 $A$ 点去吃食物。请学生想一想,这只蚂蚁从 $B$ 点出发,沿着台阶面爬到 $A$ 点,最短路线是怎样的?

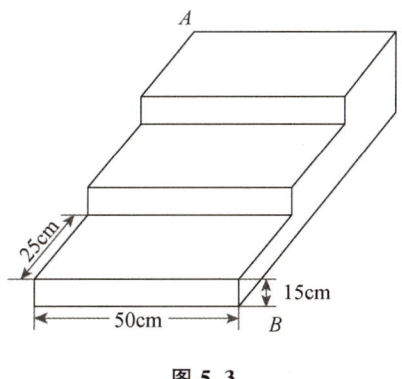

图 5.3

两位教师的教学过程如下：

【教师甲】

教师甲用投影展示问题,让全班学生分成若干小组,小组成员进行讨论。教师甲在巡视的过程中看到有的学生把台阶画了出来,这与教师甲的教学预设不符。因此,教师甲立即暂停了小组讨论环节,并指着题目说:"同学们请注意读题,题目中说的是蚂蚁'沿着台阶面',你们将这张图画出来有什么用?"在接下来的讨论中,教师甲又遇到了新情况,有的学生开始画展开图,但是却把尺寸弄错了,于是教师终止了小组讨论环节。

【教师乙】

教师乙用投影展示问题,并将问题进行了简单的分析,同时出示了一张台阶模样的纸片,边说边将台阶模样的纸片拉直,如图 5.4 所示,然后让大家讨论。很快,有学生说出了问题的答案,教师详细地进行了讲解,全体学生都明白了。

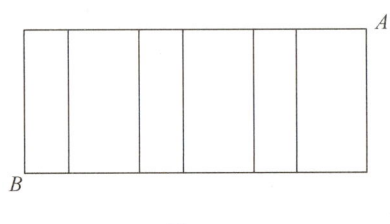

图 5.4

问题:

(1)《义务教育数学课程标准》(2011 年版)指出"有效的数学教学活动是教师教与学生学的统一""教师应成为学生学习活动的组织者、引导者、合作者",请说明两位教师的教学是否符合要求。

(2)两位教师组织的探究活动各自存在什么问题,请简要说明,并简述理由。

(3)教师在组织数学探究活动时,需要注意哪些事项?请说明。

**解析:**

(1)教师甲在教学过程中缺乏对实际情况的应变能力,且其为引导学生思考而提出的问题引导性不强。在教学过程中,教师甲组织学生进行小组讨论,这体现了教师的组织者角色,但在学生讨论问题的过程中,教师甲既没有设置作为铺垫的问题,也没有进一步的引导。此外,当学生讨论的结论与自己预设的结论不同时,教师甲虽然意识到学生进入了思维误区,暂停了学生的小组讨论环节,但并没有设计科学合理的问题引导学生走出思维误区,只是一味地批评学生,从而导致了学生的第二次出错,教师甲也只能再次终止小组讨论环节,所以教师甲在作为引导者和合作者时存在不足。该教学过程中,教师甲在作为引导者和合作者时,不符合《义务教育数学课程标准》(2011 年版)的相关要求。

教师乙在教学过程中充分发挥了引导者角色的作用,但是学生的主体地位未能体现出来。在教学过程中,教师乙能够引导学生对问题进行分析,进而带领学生突破难点,这体现了教师乙的引导者作用,但教师乙详细地进行了讲解,限制了学生的思维,无法很好地体现以学生为主体的课程标准要求。此外,在学生讨论的过程中,教师乙既没有明确对学生进行分组,也没有巡视指导或参与到学生的讨论中去,所以教师乙在作为组织者与合作者时,不符合《义务教育数学课程标准》(2011 年版)的相关要求。

(2)教师甲存在的问题:① 讨论的问题对于学生来说有一定的难度,教师甲应给予一定的引导,如什么是最短路线、蚂蚁爬过的路程如何进行计算等;② 教师甲在学生讨论开始之时,就仅仅因为与教学预设不符而开始质疑学生,暂停或终止讨论,这些行为都反映出教师甲对课堂的一些突发情况缺乏应变能力;③ 教师甲未能成功地让学生在讨论中发现问题,也未进行充分地引导,因而没有真正落实课程标准提出的要求;④ 教师甲在教学过程中不够尊重学生,使用的措辞不当,如"你们将这张图画出来有什么用"等。

教师乙存在的问题:教师乙在教学过程中引导过多,从而导致学生被动地接受结果,不能真正地自主探索,无法使学生的思维能力得到充分的发展。

两位教师的教学活动虽然设置的是探究活动,但都忽略了探究活动是为了发展学生的综合应用能力的。两位教师只注重知识结果的呈现,而忽视了数学方法的呈现,忽视了学生在活动中的体验,以及学生思维的发展。

(3) 教师在组织数学探究活动时,需要注意以下几点:

① 探究活动内容的选择要合理。教师要想使探究活动更有效,需要发现和提出有意义的数学问题,同时探究内容要能激发学生的探究欲望,问题的设置要在学生的"最近发展区"。

② 探究活动的指导要合理。在探究活动中,教师要扮演好组织者、引导者、合作者的角色。教师一要给学生创设探究的情境,二要保证学生有探究的时间。因此,教师不能孤立于学生之外,要及时地对学生进行指导,并对学生的探究结果进行合理的评价。

③ 在探究活动中,教师要正确地处理教师的"引"和学生的"探"的关系。在探究活动中,学生作为探究的主体,需要通过自己的探究去发现问题、解决问题,教师作为引导者要发挥指向灯的作用,既要在学生脱离主题的时候,适时地引导,又不能过分地禁锢学生的思想,造成"伪探究"的现象,还要注重引导全体学生参与,让每名学生体验到探究活动的乐趣。

## 案例 5.8　生活中的股票问题

**阅读案例,并回答问题。**

案例:

某股民在上星期五以每股 27 元的价格买进某股票 1000 股。该股票一周内的涨跌情况如表 5.1 所示。

表 5.1　该股票一周内的涨跌情况

| 时间 | 星期一 | 星期二 | 星期三 | 星期四 | 星期五 |
| --- | --- | --- | --- | --- | --- |
| 每股涨跌/元 | +4 | +4.5 | −1 | −2.5 | −6 |

师:星期四收盘时,每股多少元?

大多数学生对该问题疑惑不解。

生甲:$27-2.5=25.5$(元)。

师:星期四收盘价实际上就是求有理数的和,应该为 $27+4+4.5-1-2.5=32$(元)。最高为周二收盘价 35.5 元;最低为周五收盘价 26 元。

师:已知该股民买进股票时付了 3‰ 的交易税,卖出股票时需付成交额 3‰ 的手续费和 2‰ 的交易税,如果该股民在星期五收盘前将全部股票卖出,他的收益情况如何?

大多数学生对该问题疑惑不解。

生乙:买入时为 $27×1000×(1+3‰)=27081$(元),卖出时为 $26×1000×(1+3‰+2‰)=26130$(元),收益为 $26130-27081=-951$(元)。

师:生乙的解答错了,买入股票所花费的资金总额为 $27×1000×(1+3‰)=27081$(元),卖出股票时所得资金总额为 $26×1000×(1-3‰-2‰)=25870$(元),收益为 $25870-27081=-1211$(元),实际亏损了 1211 元。

师:请听明白的同学举手。

此时课堂上约有三四名学生举起了手,大部分学生眼中显现出疑惑不解。有些学生轻声说道:"老师,我听不懂!"

问题:

(1) 案例中的教师犯了什么错误?

(2) 该案例中学生的困惑是什么?

(3) 该案例给你带来什么启示?

**解析:**

(1) 课程标准要求教师在教学时要关注学生的体验,要求问题的创设要与学生生活实际密切相关,让学生认识到数学就在自己身边,数学与人们的生活密不可分,从而激发学生学习数学的兴趣。本案例中,教师力图贯彻课程标准的理念,试图联系生活实际,尝试培养学生用数学的思想解决实际问题的能力。但该教师设置的情境是与教师自己的生活实际紧密相连的,与学生的生活实际却相距甚远,教师感觉容易理解,而对于学生来说却很难理解,案例中教师设置的问题情境无法发展学生的思维能力。

(2) 学生没有感知过现实生活中的股票买进卖出,对教师在处理数学信息时存在的困惑如下:

① 表 5.1 中有理数正负号的实际意义。如 +4 表示每股涨了 4 元,-1 表示每股跌了 1 元。教师没有交代清楚,学生理解较为困难。

② 在求周四收盘时的股价时,学生不能理解买入价 27 元的概念,不能理解周四的收盘价为什么不是 (27-2.5) 元。

③ 学生不能理解周五收盘前股票价格 26 元的数据是从哪里来的。

④ 买入交易时交易税是付出 3‰,卖出时付出的成交额的 3‰ 的手续费和 2‰ 的交易税,同样是多付出了的费用,学生不能理解其中包含的数学意义。

⑤ 学生不能理解一周股票收益 -1211 元的实际意义。

(3) 该案例给我带来的启示有:

① 教师应关注课堂,走近学生。教师在授课时不能照本宣科,每个学生的家庭背景、生活经验、数学思维方式等各不相同,教师应深入了解学生,细致入微地观察学生的内在思想和学习中可能出现的问题和困难。教师要将学生已有的知识、经验作为教学的出发点,达到以学生为本、培养学生各方面能力的目的。

② 教师应关注学法,重视学习过程。在数学教学过程中,教师应以具体问题为载体,创设一种类似于科学研究的情境,引导学生自己去探究,让学生通过亲身实践获得体验,让学生逐步形成善于质疑、乐于探究、努力求知的积极态度。数学教学是数学活动的教

学,是师生之间、生生之间交往互动及共同的发展。本案例中,教师可以策划一个"股票交易中的数学问题"课题,引导学生运用数学知识去搜集、了解、分析和处理有关股票买进卖出的信息,让学生体验提出问题、设计解决方案、调查收集数据、分析解决问题的过程,教师适时地关注学生在数学活动中的体验、认识和差异,引导学生有效地进行探究、交流等。

③ 教师应关注教法,培养学生的能力。教师的教学应培养学生发现问题、分析问题和解决问题的能力。在本案例中,教师没有营造一个适合培养学生能力发展的空间,学生在学习过程中遇到困难时,教师应先尝试让学生自己去解决,教师进行引导和组织,应以学生为主体。

【本章小结】

本章主要列举了八个较为典型的综合与实践主题的案例,并进行了详细的案例诊断分析,让学生更好地体会综合与实践探究活动过程。在综合与实践活动中,教师要求学生完成一个课题研究,并且在活动过程中,鼓励学生使用信息技术。本章的重点是让学生能够发现和提出问题、自主探究、合作交流,培养学生的创新意识与应用意识。

【本章要点回顾】

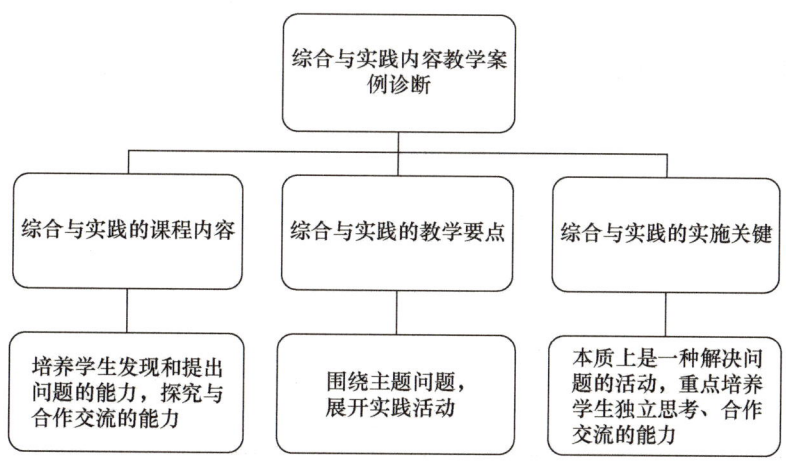